我们的木兰

张屏瑾 —— 著

文匯出版社

目 录

千年繁华

003 上海在别处

007 你好，阿飞街

015 江南叙事与现代中国

019 景恒街，不止命名的纪念

023 那家老店叫"常久"

029 争鸣不休的世界

035 逝者与物哀的诗

043 陷落的与永恒的

魂归何处

057 为什么删鲁迅

063 蝴蝶飞了：再看胡适

069 观之不足《异乡记》

073 周天籁的再发现

079 驴得水：隐喻正当时

085 魂归何处

089 资料学的想象力

093 文化研究的作用

097 下一站小说

101 华语、电影和一种共时表达

105 我村上，你莫言

最残酷的事

113　从天鹅湖到里约
119　不祥之镜
127　禁闭，活还是不活
131　外星人们，请回到地球的未来
137　没有升华的"9·11"
141　对德里达生气
147　批判者的通行证
151　我能想到最残酷的事
157　这不是一件外套
159　庄生晓梦迷蝴蝶
167　好的声音与中国
173　纸上的"流明"

我们的木兰

181　别动我们的木兰
187　坚决不迷童祥苓
191　谁怕夜奔
193　从正面打进去
197　苏三别解
201　闲人观伶伶观人

205　后记：种翅膀的人

千年繁华

上海在别处
——读《上海流水》

喜欢读孙甘露《上海流水》的人，实际数量大约比愿意承认的要多些，这并不是因为通过阅读一个上海作家的"流水账"就能解密上海生活，书中也少见个人化写作那类欲盖弥彰的内心景观。"流水"只提供一种生活的表面运动，不知道源自哪里，也不知道要归于何处，阅读者和作者能够达成的共识仅仅为，在当下的上海，这样的生活是有理有据的。无论你是否喜欢，都不得不承认"上海流水"的发生并不突兀，有一种看起来还不赖的生活，就是那么平淡而近自然地存在着。

所以，如果不简单地将这本书看作日常生活消闲索引，或是文艺作品阅读指南，那么更可以通过它观察今日的上海，怎样在破碎、流动、表面化的后现代生活中，具备了生长出新形式的可能。上海作家以及上海读者，在这个问题上又一次表现出自信，这回人们体验到，"流水"只有在上海才能成立——"不是在家，就是在咖啡馆，或者是去咖啡馆的路上"——如此无主题、无语境、无理由的表达，正如很多人用来形容孙甘露以往的文学创作的词：极端。人们至今依然认为孙甘露"多少年都没有放弃最初对先锋的爱好"，也许这位不放弃的作家，再度开始了另外一种文体实验？这一新的"极端"的写作想象若能成立，那么它本应同样指涉一个极端的上海，在这些看来散漫、任意，"比缓慢更缓慢"的语句背后，我感受到的依然是某种谨饬的内心状态。

即便如此，也不能马上定义《上海流水》的创新在何处，若你对孙甘露的文字足够熟悉，这本书就仍然是亲切的，其中大量对文学、音乐、哲学的援引，当年在那迷宫一样的叙事中，孙甘露已将它们设置成唯一清晰可见的路标，只不过如今这些迷宫的立柱已风化，以先锋方式叙述大故事的追求，已成了似水年华的追忆。而这些路标被剪辑在了一起，忽又变成了切切实实的上海生活的映像。叙述的象征性和超现实性从文本剥离以后，某种救赎的愿望降临到最实际的"流水账"之上，支撑这一变化的是对生活本质化的诉求么，是否我们已经可以从记述"流水"般的生活方式中，获得一个真实的上海作为最终的栖居之所？

这本书最真实之处无疑就在于：一个人面对一座城市，而孙甘露的上海恰恰被他自己表述为"此地是他乡"，好像是一种悖论，在著名的关于"信"的比喻中，他认为城市是一个巨大的信箱，人们只是在信箱里暂时安身。有意思的是，只有单独挑出"故乡"这个词语，才会发觉，上海这样的城市很难引发一般意义上的乡情，它的一切都是在流动和变迁中。上海人的身份认同，虽然对他们来说是件重要的事，却并非建立在任何一种固定的乡土伦理之上，且不断被消解，又不断重建。上海正在成为当代中国最重要的空间隐喻，在消解和重建的循环中，大城市的身份认同与各种各样的原乡情结发生着摩擦，故事永远正要发生，又没有发生，或已经完结了。要叙述一个真实的上海，在孙甘露这里，时间必须是延宕下去的节奏，上海永远是在别的地方还有着不同的意味。

一切故事大体都以时间为首要元素，孙甘露却始终试图在时间的悖论性之上构造家园。正如他所说，他在精神上并不需要那样一个旧上海，他似乎也从不考虑对某一段历史经验做出具体回应，这是他得以规避历史主义定论的方式。是否也正因如此，他的家园感永远在历史的缝隙中流动，没有故乡，无法妥帖地安放自己，正如我们今天所常常怅惘着的那般。

你好，阿飞街

唐颖最近出版的几部新作品，以上海和纽约之"双城故事"构成了标志性风格，《阿飞街女生》是其中重要的一本。小说的主题词有以下这些：上海七十年代、婚姻与爱情、纽约、男人女人、当代艺术、理想主义……把这些组合在一起，可以构成一篇极为复杂的小说，但也可以极为纯真。这部作品的意蕴生动之处就在于，跨历史、国别、性别的丰富杂糅情调，兼以作者一向的天真烂漫之心。

"阿飞街——阿飞"，仿佛禁锢年代之中的红字烙印，红色从红色中浮现出来。如果你对上海过去某些时间段里形成的某些特殊语词有所懂得，一定会觉得耐人寻味，因为这些语词背后是无法复制、再现的情感结构。唐颖写这条街上的五个要好的女生，以及她们各自家庭中的一些同龄人，整体上构成了一种形象、一种气质，这种气质在今天的上海自有它的继承者，虽已发生了不小的变化，仍然可以去细细辨认，"阿飞街女生"就是它的来源。这样一些人物仿佛灵光一现，划过了历史的天际，它是怎么来的，又是怎么消失的，去向了哪里？这类形象之所以重要，因为它们是城市生活中理性与非理性内容的积淀，是我们对城市进行形象谱系学研究的重要材料。当然，另外一个重要原因是，它激发了好看的城市故事。

有很长一段时间了，城市意象被局限在一些特定的符号上，比如淮海路，而仅仅和淮海路一街之隔，阿飞街的符号意义却完全改变了，就像相对于曼哈顿的，纽约的布鲁克林和皇后区。它是淮海路的"背面"，阿飞街的女生是在这"背面"生长起来的，其中最"上进"的女生永红则始终不承认自己在这里住过。一方面，这些女生以及男生们，从父母身上继承了某种前世，比如"精致优雅"的珍妮妈妈，或者登徒子般游手好闲的子晨爸爸；另一方面，这种前世的意义本身已经空洞化，他们必须有所逆转，珍妮变成了最不像她母亲的一个，而且也成了唯一一个留在阿飞街的女生。斗转星移，即便是淮海路本身也仅剩躯壳，更何况阿飞街？女生们要从空洞的时间躯壳之中获取属于自己的成长力量，就必须与其他各种力量碰撞乃至结盟，她们是美的，美成了"阿飞"，在他人对市中心生活的想象中，她们发展出自己的美学，也和持续不断的阴影与创伤相遇。父母们的不得志、冷漠，或被卷入残酷事件，洋房房客群居生活所特有的鸡零狗碎，喧哗与骚动，人与人之间拥挤的生理和心理距离，他们从小就开始操练,同喜欢的人或不喜欢的都得密切相处,还有失序的社会里惘惘的犯罪威胁。阿飞街最漂亮的女生郁芳,在弄堂里一处肮脏的阴沟边上被暴徒强奸,这样的场景,几乎是每一个在市中心弄堂长大的女孩的噩梦,"阿飞"这个称号注定她们成为异类,暴力事件则是对理想主义的彻底剥夺。

在这个意义上,阿飞街同时也象征着别离。二十多年之后,阿飞街上的人物大都选择逃异地、走异路,异国他乡的生活对于她们来说仿佛是命中注定的,就像主人公米真真所说,淮海路周围的邻居纷纷失去联系,又纷纷在美国重逢。小说故事的起点,身在纽约的米真真做了一次策划,想将童年伙伴召集到纽约来,然后为她们五人的重逢制作一部纪录片。借着这次刻意为之的重逢行动,已人到中年的"女生"们的青少年记忆被一一激活,她们那未竟的往昔将要在纽约得到一次重演。为何是纽约?当然是纽约,还有哪一座城市可以和上海相称,够得上这一百多年奇崛的历史和时间?在米真真看来,纽约是一个真正的文化大熔炉,是一切"异类"的祈祷应许之地,这一点又恰恰和上海——她们童年时期的那个上海相反,那个上海是残留着童年阴影的阿飞街,内心的恋情以及一切都受到重创,只能叛逆,只能离开,纽约则含着救赎,至少在她的想象中含着救赎的可能。

小说由纽约和上海两种空间叙事构成,纽约叙事作为主体，对上海则采用追忆法，一点一点交代阿飞街女生们后来的命运。她们大多过得并不如意，以各种扭曲甚至屈辱的生活方式，仅仅换得了始料未及的人生。她们展现各自的性格，无论是保守严苛，还是随性疯狂，人人都曾在阿飞街领过风骚，也与阿飞街的遭遇有关。最后这一次聚会，与其说是人生中途的小团圆，不如说是在纽约再次"显现"她们自身，阿飞街有着太多的失踪的人和命运，而纽约像万华镜一般涵容了这些破碎或难以言说的结局，双城故事因而得以实现。

与她的朋友们遮蔽了内在性的生活相比，米真真却是能够充分开放的，纽约对于她来说，不止是一面镜子，而且生发出一方舞台，虽然时间和金钱都很有限，她却是唯一一个能对这座城市发生真正的理解的人。小说写道，失散最久的郁芳匆匆赶来纽约与朋友们相见，她对米真真说：你是我最先认出的一个，你没有变。从某种程度来说，米真真代表了阿飞街纯真的一面，也因为这种纯真的力量，她成了最坚决想要离开阿飞街的一个。美被毁坏，生活被扭曲，生命被吞噬，面对这些，米真真不断伤心动容，她还可以随时流出眼泪，有一种持守的个性在她身上，正是这种个性，使得她要不断地去回望阿飞街，回望自己的城市。然而吊诡的是，纽约看起来巨大的多元性和包容性，却最终无法消化米真真的这种单一的情绪，在纽约很容易发生的新的邂逅，到底是情

阿飞街(南昌路)。摄影:张献

感的升华、欲望的消费还是自我的实现,这些问题重重叠叠,再度把阿飞街女生搁浅在大城市的种种表象之上,她不得不一再地追问和衡量自己最初的需要,追忆逝水般年华。在这个意义上,她和阿飞街彼此可以达成谅解了,小说因此有了一个云淡风轻的结尾。这一结尾的时刻,让我想到几年前在纽约读过的一本《纽约日记》里,一位不知名的作家写下的一句,"最好的结局就是 say hello(说声你好)。"

江南叙事与现代中国
——评"江南三部曲"

最近刚获得茅盾文学奖的几部作品里,格非的"江南三部曲"是唯一一部多卷本。实际上,这三部长篇小说各自独立,有着不同的时空、故事及人物,能把它们联系在一起的,首先当然是二十世纪中国历史的前因后果。鲁迅在1927年首次提到的"大时代",其实在晚清就已经开始了。《人面桃花》《山河入梦》《春尽江南》分别对应清末民初、共和国时期和改革开放期的中国,连在一起,是一部不折不扣的"大时代"史。

为了展开这一长篇历史叙述,从九十年代中期开始,小说家格非几乎沉寂了十年。"江南三部曲"是他的复出之作,首部《人面桃花》动笔于2003年,距今也已有十余年,这套作品是由两个十年磨出的一把锐利之剑。

《人面桃花》讲述了官宦家小姐、革命党人陆秀米一生的沉浮。她是晚清第一批怀有新思想的读书人的后代,她的父亲,对于现实有着种种妄想,而被人视作疯子,这让人想起鲁迅的《狂人日记》——中国现代精神史上的第一则重要隐喻。法国哲学家福柯在他的名著《疯癫与文明》中，描述了现代性如何通过排斥疯癫而建立起稳固的社会基础，但对于东方的古老文明来说，这个过程恰恰相反，传统社会的疾病与沉疴，需要由"狂人"来挑战。陆秀米的成长，正是从她的疯子父亲离家出走开始的。他们家族的"狂人"基因也代代相传，体现在陆秀米之子、梅城县县长谭功达，以及谭功达之子、八十年代的诗人谭端午身上。"三部曲"因血缘带来的主人公精神气质之关联而延续。陆氏家族盛产集创造性与空想症于一身的人物，而他们最后都会与同一个神秘的地方"花家舍"相遇。辛亥年、"大跃进"和八十年代末，这个虚构的空间"花家舍"是历史乌托邦的象征，无论是革命乌托邦、政治乌托邦还是商业乌托邦。作为社会精英的知识分子，在精神层面不断地与乌托邦神话遭遇，并被之击败，他们的命运折射出现代中国文化沉郁顿挫的进程。

除了历史脉络和人物谱系的勾连外，"江南三部曲"还有一个非常重要的结构性符号，那就是"江南"。细心的读者已经发现，2015年的茅盾文学奖"江南"元素颇多，除"三部曲"外，获奖的还有出生于苏州的作家苏童的《黄雀记》，以及上海的金宇澄创作的沪语小说《繁花》。后两部小说也和现代历史相关。正如格非所说，"江南"不仅是一个地理名称，也是一个历史和文化概念。在我看来，"江南"中还隐藏着另一个传统，打开"江南三部曲"，你所能感受到的作者那纯净典雅、绵里藏针式的文字风格，正是来源于那里。

景恒街，不止命名的纪念

笛安用北京的两个地名为她小说里的人物命名，一个是"景恒街"，另一个是"灵境胡同"，仿佛是要男女主人公的肉身，去深刻地嵌入北京城的符号系统之中。城市地图中的任何一条路，原本都是由人走出来的，从活生生的人身上，街道和城市都获得了它的具体性。

首先，不必在任何一种标语口号的意义上理解所谓"城市精神"，真正的城市精神在于城市对个性的孵化与塑造，人与城市共谋共生，在这个过程中总有一些无可避免的故事不断地发生，城市生活有多普遍，故事也就有多典型。曾经是巴尔扎克和司汤达笔下的巴黎，后来是德莱塞笔下的芝加哥、卡波特笔下的纽约，现在是笛安笔下的北京，都有这样一种城市精神：生活其中的男男女女们，要在福楼拜式情感教育和歌德式灵魂抵押之间不停地做出选择，这就是现代故事，而笛安的故事和人物都达到了典型的份上，这在当代的城市叙事里就颇不简单。

朱灵境，风投公司的小职员，却不是小人物，是位能把现代生活驾驭得恰到好处的女性，她让人眼前一亮，具有真正"时代女性"的气质。小说多次刻画她的勇气和能力，她清醒的头脑以及凭一己之力赢得的机遇，也借之带出了一种女性形象：洒脱、自足、独立，当然也美丽，她对生活认真又能享受生活，任何时候都懂得自救，不会泥沼深陷。不得不说，就这样的形象而言，我们已经受西方文学及影视作品启发了多年，甚至成了常识滥调，但在自己的文艺作品中却刚刚开始出现，似乎书写这样的女性需要一种特别的勇气，纵使其原型在大城市的生活中已经绝不鲜见了。当然，小说并没有止步于提供一个典型形象，而是就这一形象来继续发问。灵境之"灵"在于，虽然在城市的诸多生存法则中沉浮，她始终没有蜕尽存在之真，因此她也能够敏锐地捕捉到现代人"失真"的痛苦，是她发现了那个"雪人救人"游戏的潜在价值，雪人要不要救同类，又要不要冒着危险救异类，这问题基于功利生存与内心正义的选择，具有高度的象征意义。

从小镇来的过气偶像歌手关景恒到风投公司寻找资金，与灵境相遇，其实他们两人都算是外省青年，但景恒的故乡生活，以及父母与他之间疏离的关系得到了更加详细的描写。他绝不想回去故乡，他要像"景恒街"一样成为这个城市中有名有姓的一个。小说采用了双重叙述视角，除了大量属于朱灵境的视角以外，也赋予关景恒一定的视角，在这里，视角的设定是由人物内心的纯真程度决定的,灵境因此成为这个世界的底色意义上的观察者。爱情是小说中的重要主题,作为现代城市中的爱情,它本身就带有矛盾性,在现代社会中,爱情常被视为唯一带有古典意味的求真意志的体现,乃至与现代生活法则相抵触。因此,在小说中,关景恒的半限制性视角只有在爱情觉醒时,才会随着情感迸发而涌流而出,制造出一个有深度的视野。而在他为了利益出卖朋友,或是教唆蓝粉蝶背叛偶像,运筹帷幄决胜千里之外之时,他的内心情境便大面积地隐退了,剩下的只有一连串生硬的动作。动作意味着城市的生存逻辑,生存逻辑只有一种,而内心却层出不穷,灵境的窘境就在于,她时刻被迫用丰富的内心去应对关景恒过于单一的动作。

于是关景恒能否做成他的"粉叠"项目,成了他们的爱情能否与生存法则协调起来的关键。选秀节目没有让关景恒改变自己的命运,作为偶像,他总还是缺了点儿什么,用小说里的话,"粉丝们并不傻",但他却要成为另外一种意义上的弄潮儿。他成功开发出了让粉丝成为领导力量的"粉叠",最终也败给了自己过于急切的野心,他和灵境的爱情因此被彻底摧毁。这个既熟悉又陌生的城市故事渐渐展开,女主人公的求真意志与生存法则的博弈达到高潮,而纯真不可避免地被击碎,突然到来的一场车祸延宕了末日审判的降临,小说结束在对生命激情的"小确幸"之上。

与"景恒街"自我命名的重要性相比,"灵境胡同"作为女主人公的父母邂逅之地,包含纪念与记忆的情感因素,也同时标志着年轻的男女主人公求真意志的失败。除此以外,他们周围尚有鲜明的环境和一个个配色准确的人物,构成了属于当代城市的"基本款"叙事。重要的是,小说超越了一切琐碎无章法的日常生活的漩涡,也不仅仅是城市景观无来由的堆砌,作者在刻画时代场景上表现出她的写作能力:风投公司、粉丝产业、APP制造……这些最新的产业形式关联着城市新人类的生活,有如茅盾在1930年代初对股票市场孜孜不倦的观察与描写,有一类先锋写作,就是能够去描绘人类生活的前沿阵地。风投公司与创业者的关系已经成为我们这个时代最大的一盘迷局,在流量吸金的年代,许许多多的头脑在闪耀着又暗淡下去,各种理念、性情、追求在巨大的金融怪兽的挟持下正在展开殊死的斗争。虚拟经济、传媒时代对于新青年的成就与摧毁,制造出了许许多多的传奇,而与之相匹配的文学表达,无论叫做城市文学也好,青年写作也好,或者新的现实主义也好,总之得把这现实与传奇表达得合情合理,以及"好看"——这的的确确是一部好看的小说,当它以一条街道来题名自我的时刻,就是那一切的街道,一切的人们在艺术中再现它们自身的时刻。

那家老店叫"常久"

看寿岳章子写京都，会沉迷在她的文字里，这种沉迷又是质地轻盈的，慢慢读起来，温厚而舒缓的感觉沁入肌理，真如《论语》里说的"体贴亲切"。特别安静的京都古城，在她笔下特别静好的日常生活倒影中，渐渐显现出城市与人的亲缘关系。使我们这些老大国度的子民，读后钦羡、惭愧、怅惘不已。

"京都三部曲"从解析"千年繁华"开始，很有意味。作为现代人，享受着城市生活的种种便利，沉溺于声光炫影的景观社会，可以什么都不钻研，唯有自称繁华中人是没错的。然而像京都这样的古城，却赋予"繁华"另外一种涵义，并非建立在钢筋水泥的高度和硬度之上，而是基于巷陌交通之间一切的人情世风。人间烟火气天长日久地沉积在建筑物与街道的瓦砾缝里，一代接替一代，一层刷过一层浓厚纯酽的色相，化为古城挥之不去的强大气场，沧桑感体现在自然的人世代谢之中，而不是翻手为云、覆手为雨的剧烈变迁，浮士德式的强力意志似乎没有靠近过这里。

在这样静谧的古城，哪怕搬一次家都要费好多思量，作者半个世纪居于向日町老家，也曾动过更新一下生活环境的念头，最终还是舍不得离开父母费尽心思所搭建的老房子。而她写下这些文字，正是要描述这个家、这片街区、这座城市带给她的生生不息的感受。比如某日，想要找一把合适的剪刀，出门信步便能走入一家百年老店——店名唤作"常久"。让人想起乔伊斯在都柏林为生活所迫不断地就近搬家，却给都柏林留下了足以贯穿全城的文学气氛。

那些林立的街头店铺，传承百年的老字号，不再拓宽的街道，永不拆迁的巷陌人家，在这里，手工艺和传统节日依然有效，商业场所也有着温情脉脉的家庭气氛。与之相关的是人们对食物、布料、药品和一切生活必需品的敬畏之心。饮食起居，都贴近、应和着四季的变迁，每年到了什么季节，就该什么样的色、香、味和相应的劳作、流汗方式上场了。"母亲在春天的工作"仅仅这样的小标题就如此动人，将生活节奏、万物生长、母爱的伦理涵容一处。"染布"一节让我尤其感动，她们将质地优良的布匹不断重新浆洗、上色，让其随着不同的花样得到再生，与之同时，许多种细腻的小心思积淀其中，劳动与收获变成仪式一般，通向童年的存在感和对世界的认知，多么好，多么丰富而幸福的体验啊，而这些都积淀在古城辽阔的天际线之下。

日本,京都。摄影:张斌璐

生活世界已然很完整，变动已然很小，作者偶尔还是会用"过去是……而现在……"的句型，略为表达今昔对比的感慨，说到能治疗毒虫咬伤的"蛇顶石"，那种有着神奇疗效的东西现已失传，不由感叹"现在的世界究竟是进步了，还是退步了"。这本书的插图作者泽田重隆在"取材日记"中谈起他穿梭在文化古都，看到善男信女的众生态，"善"与"信"与其说是指向那些千年寺庙的香火，不如说是熙熙攘攘、喧腾市集所表现出的生活愿望，而城，不过是将这些生活愿望围拢，并从中提取形式感的所在。

争鸣不休的世界
——读《失落》

诺贝尔经济学奖获得者,印度经济学家阿马蒂亚·森,将他自己的一本描写印度人的历史、文化和身份认同问题的新书,命名为"惯于争鸣的印度人",这让人想到大卫·里恩的著名电影《印度之行》里,受了冤枉的阿齐兹医生被送上审判台,街头那如潮水般排山倒海的抗议人群,从各个角落聚集、冲破、涌入英国殖民者的司法机构,最后汇聚成同一个震耳欲聋的声音:对公正的呼唤。既然反抗与压迫必然二元对立,围绕印度这个第三世界东方国家的"争鸣传统"所出现过的一切描述、修辞和想象,在刻画这个古老民族的同时,也会树立起一个经久不衰的抗辩的对象,这个对象首当其冲地来自印度长达几个世纪的殖民历史。换句话说,在争鸣、对比、反抗中产生自我观察,这似乎是东方国家在漫长的近代历史中习以为常的方式,也是"东方人"的身份认同问题总显得特别突出的原因。正如提出"东方学"研究的学者萨义德所说,东方是被"东方化了"的东方,从西方人的

"东方主义"标准出发是这样,然而当东方人需要来讲述自己的故事时,无法摆脱的同样是西方人赋予他们的种种经验。问题的吊诡之处在于,东方主义的伤痕已经部分地成为东方人认知自我的根源之一,他们必须在考察失落掉自我的过程中找寻自己。

2006年荣膺布克奖的印度小说《失落》,在相当程度上表现了这一困境。作者是一位年轻的女性小说家,出生在1970年代初,15岁时定居英国,她称自己"清晰地了解走在连接东西方的小道上的那些情绪、那种黑暗,以及那份担忧和恐惧"。小说在结构上同时描述分别位于印度葛伦堡镇和纽约的两个故事,穿插交替,这种看似古老的方式,大约是作者用来表现"东西方连接"而刻意为之。两个故事的连接点,是喜马拉雅山脚下的一所殖民时期留下的老宅,宅子的主人是曾经留学剑桥的法官,他在英国度过了一段充满屈辱的求学时光,回国后成为内务部官员,染上了一身的英国生活方式,无论从职业理想上,还是个人生活上,都不再能重新融入本土生活,他抛弃了印度籍的妻子和女儿,晚年与世隔绝,只有一个厨子陪伴他。与此同时,厨子的儿子比居远在纽约,是众多亚裔非法移民中的一个,在各种餐馆里打工挣钱,这第二个故事活脱脱的是一部"印度人在纽约",里面却没有什么个人奋斗最终获得成功的神话,比居在饱尝艰辛之后,最后无路可走,只得回家。

小说中似乎所有的元素都安排得极为平衡,一个评论者可以从中轻易地提炼出后殖民、现代主义、阶级论甚或女性主义的主题。法官素未谋面的外孙女儿从修道院里出来,住进了这幢怪异的大宅子,爱上了她的家庭教师,一个尼泊尔青年。他们的爱情还没有成熟,就卷入了1986年发生的一场尼泊尔人的动乱中。种族、阶级、性别的重重差异迷惑着初出茅庐的两个年轻人,就像民族独立不久的印度人一样,虽然想以最简单的方式去体验自己的人生,但始终会被各类重大主题搅乱脆弱的个人生活,这些主题倾泻而下,覆盖住他们尚未建立完备的心智和感情。当然,作为小说,作者的成功之处在于她能够把重大主题下复杂的个人感受表达得游刃有余,这个看上去动用了许多严肃得让人不敢喘气的政治历史线索的小说,却写得轻盈、幽默、好看。不过,如果你认为这只是一部将本民族的历史,在强大的西方文化面前缩影化,以便获得一个区域研究的位置,那也同样不靠谱。虽然作为印度叙事者,没有办法从内部去表现它必须与之争鸣的对手,但它却能在自己身上看到西方文明落在东方世界的破绽。

小说中有一对老年姐妹,属于当地的上等人,她们终生住在封闭、遥远的干城章嘉峰之下,却能够通过拥有西方的物质生活,来区分自己与当地的穷人。直到半军半匪的队伍打过来,冲击了她们的生活,她们才意识到:"在一个主食为大米和土豆的国家买罐装火腿卷是错的;住在大房子里,晚上偎依在取暖器旁边是错的,哪怕这取暖器不时放电,打着人;飞往伦敦带回来樱桃酒夹心巧克力是错的;其他人都做不到,所以是错的。"所谓对与错,实际上只是生活的表面安稳要不要打破的问题——"财富看似是一条毯子保护着她们,现在却将她们暴露于众。"这两姐妹是小说里,除老法官外,与西方文明保持最多联系的人,而她们的生活还是活跃的,就像法官从开饭的时间、餐桌的仪态去体验西方,她们则通过消费种种西方的玩意儿。对这一类人来说,礼仪与物质中包含的不仅是财富和地位,更重要的是沟通东方与西方的中介,但当这类中介物在印度混乱、无序的现实世界中被割断了"所指",它们就成了十足的西方世界的幻影,法官凄凉又固执的晚年,就生活在这样的幻影中。而当比居以非法移民的方式,去给这些幻影重新填充具体的意蕴时,却发现他只能被排斥在整个纽约的意义系统之外,根本不准进入。最后他打工跌断了腿,在准备回国前,又去购买一大串美国货:电视机和录像机、照相机、太阳镜、上面写着"NYC(纽约城)"或"Yankees(美国佬)"或"我爱啤酒冰冻女人火辣"字样的棒球帽、显示双时区的数字钟等等,准备把这些东西,这些新的幻影带回家。不幸的是,小说的结尾处,所有的时髦玩意儿在回家途中被他的同胞洗劫一空,比居只能穿着一件印度女人的睡衣徒步走回去。赤裸裸地回家,读毕小说,会发现这显然不是一个指向虚无的结论,而恰恰是新的、真正的争鸣行为可能获得的起点。

逝者与物哀的诗

诗人王小龙的随笔集《凭什么》,我读完以后,想尽快拿去给父母辈的亲友们读,也到处推荐给我的朋友,让他们读后拿去给他们的父母再读。说实话,我和我的同龄朋友们都无法直接来评判这本回忆录式的随笔集,只能说被它深深地吸引,但我们很希望援引父母师长辈的经验,来对这本书发问,或回答它本身所蕴藏的一切问题。首先是,属于上一代人的,今天看起来一切都是非常直白的那个年代,为什么会展现出如此幽深的一幕幕场景,且散发出恐怖而又欢乐的气氛……

《凭什么》一书有两个主要组成部分,一是人物,二是物件,两者都伴随着无所不在、萦绕其中的记忆。形形色色的物件对一些人来说可能最亲切,而对另一些人来说则最陌生,无论怎样,整本书的氛围与这些物件密不可分。我想借用"物哀"这个词来说明这一点。这个词来自日本,用来表达人在面对自然界的美景时所产生的内心感受:良辰美景奈何天,因此"哀"本身也是和"乐"纠缠在一起的。《凭什么》里面并没有多少自然风景，在人定胜天的年代里，自然风景是次要的，最绚烂的风景是柏油马路里嵌着的碎玻璃（《太阳的碎片》），或是早晨四点钟小菜场里挂出来的猪头肉和带鱼（《红厦》）。彼时彼刻，为了生存，大自然是人力征服的对象，在工业化奔向现代化的道路中，出现了种种光怪陆离的人造之物，抑或只是粗糙短命的半成品，碎玻璃、褪色灵、火药纸、驳壳枪、砖坯、大字报、用来补蛀牙洞的混凝土，还有菜摊头、肉摊头、防空洞、集体游泳池、冷热车间反射炉……后面一类是地点，是空间，而因为只出现在特定的一段历史里，也变成了一种特殊之物。

在一张张用老底片冲印出来的旧相片中，旧日之物渐渐复原出来，带有特殊的"灵韵"，王小龙赋予它们活的气息，它们由此而跳跃、流动起来，有了形状，有了声音，有了更加夺人心魄的作用力。虽然是人造的，但因物而"哀"之情状，却丝毫不差，甚至到了惶然孑然如丧家之犬的地步，不过，读者又一定会迷上这种物哀美而无法释卷，和作者一起沉溺其中，要把"丁字路口的上面一横"画平，要把"棺材炉子"烧好……王小龙说，他尽量寻找荒唐和混乱的年代里的那份欢快，"尽量写得好玩些，讨喜些，不然会被记忆的浪头拍死。"但又怕读者不相信那份欢快的存在。实际上，一种看似不可能发生的吸引力恰恰发生了，别忘了这些"废物"

摄影：一毛

就是一代人天赋的用武之地,面对它们,如切如磋,如琢如磨,体贴亲切,哀乐相知,文中几次提到,"比吃肉还要开心"。虽然时代的列车极为高速无情地驶过后,这些东西连影子都没有留下来,但就是在极度无用与极度用心的悖论之中,一种酷烈的美学诞生了。

若以今天时髦的消费理论来看,这些物件都和马克思批判的商品拜物教无染,它们不是消费主义之"物",那个年代根本就没有多少消费,更没有消费主义,只有生产,生产是生产,消费也是生产。如果说娱乐,《大元帅》里的蟋蟀战场可算是纯娱乐了。"大元帅"是一只完美的蟋蟀,"革命先烈一样","大得像油葫芦,额头上一点红",它能为人取得毫无争议的胜利,然而纵然如此完美,它依然象征着童年的失败,当蒙太奇镜头切到多年以后,真正的赌局如火如荼地开始了,却也抵偿不了那种失败的哀恸。

历史带走了这些物哀,带来的是人的命运。《凭什么》中写到的人物如同一位位欢乐英雄。英雄当然是种修辞,北岛曾在他的诗歌《宣告》里写道,"在没有英雄的年代里,我只想做一个人。"而在有英雄的年代里,每个人都可以成为英雄,每个英雄也同时都是小人物,随时都被时代的罡风吹走。本书作者细察到、记录下的,是在一切坚固的东西都烟消云散之前,属于这些人物自身的时刻。在贫穷、匮乏、盲目和晦气面前，每个人依然有资格获得生命中的惊鸿一瞥，如果不是在平淡乏味的生活中，那么就是死亡给他们带来了机会。"死人的事情是常常发生的"，书里写到自杀的老师，溺死在河里的少年和知青，病死的童年伙伴，被"反革命某某"名义枪毙的犯人，以及更多的被各种生产事故夺去生命的工人，这些是大时代里的无名死者。相比之下，在书的最后部分的几篇里所提到的老肖、老郭、小兰这几位，则是属于另一个时代的，刻意隐去其名的逝者。在这里，死亡的意义分为了两种：一是时代性的无名者的死亡，他们的死并没有振拔出世的效果，只是加固了一种宏观的命运的荒诞；二是反时代性的个体的死亡，作为诗人、知识分子和艺术者，他们的逝去多少标志着某种蕴含着精神内容的挑战，从这点也可以看出，这本书横跨了两段有着巨大反差的历史。

在这个意义上，我更愿意把第一种无名的逝者的命运看作一种隐喻。从1960年代到1970年代末的工厂生活是《凭什么》的主要描写对象，工厂是唯一的世界，唯一的江湖和唯一的生活，工厂的倒闭因此而意味着一代人的集体死亡。他们中有些幸运儿得以脱胎换骨，再生为新时代的成功人士，而更多的人则随着旧时代而埋没，他们之间的鸿沟深到无法再"一分为二"，看看《对不起这世道》这一篇就可以知道，在平淡的描写中蕴含着惊心动魄的内容，也是一种叙事的收尾。由于有了这一篇，以及《你自己走好》《就这么回事》和最末的《搬东搬西》这几篇，整本书便看出其整体性。虽然作者以短小的篇幅，位于"虚构和非虚构之间"的方式不断呈现人物和物件的细节，但绝不是仅仅到细节为止，慢慢你看出原来这是一个大故事，而且结局不怎么确定，迅速改变的时代丢失掉了的一代人，就像师傅久久地徘徊在老房子的废墟前，还不肯离去，总还有一些幽灵在徘徊着。

所以，这就像是一位诗人的速写稿，个人记忆的堆砌是没有问题的，但又同时是普遍命运和感性历史的记录，你自然会想到这本书的诗学意义所在，于是慢慢读，当诗来读会更好。

陷落的与永恒的

张爱玲小说《倾城之恋》的结尾，著名的话：香港的陷落成全了白流苏……也许就为了要成全她，成千上万的人的命运都改变了。张爱玲写这小说的时候还太年轻，《传奇》《流言》里少不了年轻放狠的态度，说不尽的苍凉大多挂在嘴上，战乱年代是历史打了个盹，因此"海派"得以屏息定神，凝视当下，倒反看出许多"人性之永恒"来，即使是不彻底的。

这大概就是小说家的梦想，在一些极为特殊的东西中找到通向真理的路途，特殊可以幻化成各种奇异的形式，进而生出无穷的艺术创造的可能，而真理，谁不想一窥其面目呢？

不过中国人的爱智总是离不开对历史的把握，在汉语世界里，还没有一部成功的长篇小说不是某种意义上的历史小说。十九世纪海派乍一兴起，跟这种泛历史主义的习惯形成了一些冲突，舶来品、无根基，为一时的热闹痛快不讲章法甚至不择手段，这是当年"京海论争"时人们对于海派的非议。实际上，历史本身已经发生了重大转折，看待历史的方式当然也会随之生变。海派杂糅无数悖反条律：既与刚刚诞生的市民理性有关，也跟情/欲纷纷扬扬的碎片有关；放眼世界胸怀天下，也抖不尽鸳鸯蝴蝶小家闺阁；孕育出激进的抗争意识，也被各种各样的拜物教占领。从远处看，上海是中国历史的沧海一粟，是飞地，也是"非地"(non-place)——实际上并不存在的地方，朝近处看，从这里开始讲述二十世纪中国的大故事是必然的，如果在传奇之外，还有可能用某种追求真理的眼光来探询这座城市背后的本质的话，那么海派传人也并非不值得一当。

在这个意义上看，王安忆跟海派小说的渊源关系就比较复杂，为了突破洋场中各种表象之间的悖论，她总是采用正反合的方式来讲故事，总是洋洋洒洒，总是力求辩证。她多次尝试用长篇小说来讨论，在这座城市里，究竟什么东西在对我们的生活起决定性的作用，什么是主流，发生了怎样的角力，结局为何，余韵怎样，各种力量声部之间的关系又是什么。要回答这些问题，须得通过实际对象来把握，第一种对象当然是人，历史中的人，城市里的人，不光是故事主人公，而且是高度特征化的形象，落实了时代的精神状况的"当代英雄"，这宛如回到十九世纪的文学主流。但是，自二十世纪起，有关人的叙事限度越来越大，荒诞丛生，一地鸡毛,风流云散。相反,物质的历史变得越来越重要,仿佛物比人更能承担命理天道,比易朽的肉体更能承载长时间去芜存菁的考验,显现出某种永恒的答案,新文化史的流行就是一个明证。当然,此物首先得是机械复制时代仍有灵韵的物。在王安忆这里,2011年的《天香》写出一部物质文化遗产背后的风俗文化谈,而2018年最新的长篇小说《考工记》的主角也是一栋年久失修的古宅,从晚明而来的灵韵最终流浪衰败于二十世纪。

所以可以再次重审王安忆小说的独特性,她要找"名""实"之间正确的逻辑关系,而在具体表达上,她又接续了海派书写尽善尽美的风格,她的写作对象无不在细致入微的刻画中获得了肉身的存在与具体性,但它们并没有因此而完全静止下来,往往是被丢入了冲突激烈、变化剧烈的更长的时间中,无论是一个人,一座园子,还是一栋古宅。这也显露出她作为二十世纪八十年代新启蒙作家与知识分子之一的本色,纵使这群人后来对时代的变化所得出的结论各有不同,他们仍然可能是中国社会最后一批既充满了文化主体感和优越感,又始终不懈地想象一种总体性的存在的知识分子。拿王安忆的作品来看,她用长篇小说一次又一次地呈现自己思考这一总体性存在的过程,我注意到,她给出的每次答案都有微妙的调整,这似乎显示出了作家在某些重大问题上的犹豫不决和困惑,而正是这种犹豫不决和困惑,成为艺术创作的理由和动力,也造就其丰富性,讲一个好故事,比做任何其他事都更能达到这种效果。

这一次的调整又是建立在她之前讨论过的问题之上,这么说并不代表着要读这部小说就得读王安忆的所有作品。不过如果你真的读过她的大部分作品,定能感受到某种不屈不挠的叙事伦理。一栋古宅的失修、毁坏乃至倾覆,历时大半个世纪,宅子里的大部分人都已走散,只剩下一个人,这个人不再像以前那些人一样,单个个体就可以隐喻整个时代,比如《长恨歌》里的王琦瑶,她一个人的命运可以放得很大,又可以扩得极多:"这城市里有千千万万个王琦瑶。"相反,《考工记》里的陈书玉是被祖宅困着,既不能放大,也无法流动,好像注定了要由他来和这所宅子共进退。不过也有例外,在革命的高潮期他竟然外出串联过,具体怎样却不得而知,成了小说中的一段留白。总体来说,这个人变成了古宅的一枚渺小缩影,古宅庞大的形体,令无形的命运也有了形体感,像一切庞然大物一样,越破败越显出它的大,而宅子里的人却越来越紧缩,人数压缩、衣食压缩、感情压缩,最后只剩下一个万年单身汉,越发是个"小我",只求退守,只求保全,唯一膨胀过的一次是在困难时期暗自大嚼香港寄来的补给品,口腹狂欢比照出生机委顿。宅子和人,这一巨一细形成了鲜明对比,"小我"最强烈的愿望是能够修复祖宅,达成永久平衡,但这宅子,欲保护而不成,欲修缮而不得,最终濒临坍塌,全面陷落,宅子里的人也终于不知所终。

故事始于四十年代中期,这是一个脆弱的临界点,历史悬而未决,万事万物引而不发,也是一个藏尽玄机的时刻。这里的四个青年,被誉为"西厢四小开"——十分海派的一个称谓,可以激发无穷的想象与书写,小说一开始,花开四朵,各表一枝,看起来是有说不尽的传奇故事要展开,但实际上所谓"小开"故事只略微盘带了一下,很快就绮罗散尽,各个遗世独立。一次神秘的出行拆散了四个人。陈书玉一行是1942年"稻子收割之后"离开的上海,是时中途岛战役已经胜利,太平洋战场曙光初现,大局的波动脉络开始与普通人的行止接洽,而等到两年之后,1944年秋天陈书玉回到原宅,正是汪精卫在日本病死,上海伪政权开始动荡的时刻。这四个人可以说从一开始,命运就被编织进了历史转折的潜流与漩涡之中,他们年轻时在上海滩的交游,原本体现了上海城市中最浮浪的那一层面,但仔细一看,这又不是武侠小说中独门功夫的写法,而恰恰是去表现各自的累赘和包袱,即使是其中有木工传世手艺活儿,可称薄技在身的一位,后来做的是倒卖获罪人家家藏古董的生意,于是祸线埋伏其中。因此开篇的一点点西洋景,终究是堕入百无聊赖的尴尬与虚空,真正的传奇开始于时代斗转星移之际,命运感也才开始呈现。

《考工记》里几次出现"宿命"这个词,读来有点扎眼,从陈书玉的眼睛看到朋友们的遭际,他就会在脑筋里蹦出这个词。问题在于,这个词属于谁,谁能用,谁来用?城市中的"小开"们,小资产阶级和手工艺者,小市民,知识分子,这些人物如陈书玉所想,总是在"这边"和"那边"之间徘徊,留在"这边"还是过渡到"那边",又怎么才能渡过去,成了永远的心结。事实是,他们四人中有三个留在了"这边",这就是他们的宿命,偏有剩下的一个改名换姓去了"那边",而且成了权重人物,时代的悲喜剧就此展开。悲剧换个角度看其实就是喜剧,而悲剧和喜剧始终不能彼此相抵,只要看看"这边"去求助"那边"的几幕,两边都有原始强力,一边来自生活,一边来自哲学,但问题还是那个老问题,到底这城市的主人是谁,到底这生活的主人是谁?

哲学与生活的对话正是王安忆始终不放弃的主题,更早时候的中篇小说《"文革"轶事》即以城市家庭为背景开展这种对话,充满了问题意识的实验性。到《启蒙时代》里,"谁启谁的蒙"的冲突感更加凸现出来。在我看来,王安忆是当代中国作家中对这一问题的重要性最为敏感的一个,而在上海写作,更加强了这一问题意识。上海曾有过中国最早的市民生活,是九十年代的"怀旧热"发生的一大源头,但在王安忆这里,日常生活问题又有它自身的重要性,并不能完全等同于怀旧,更不用说"怀旧热"与消费主义合流之后带来的种种弊病,这也是她后来为什么说自己并不那么喜欢《长恨歌》的原因。虽然"这边""那边"的问题看起来在《考工记》里有了更明确的描述,但这一次的变化在于,两边不再是一种截然对立的关系,甚至在很大的程度上共享了"宿命"感,使得这部小说重新进入到一种对于人类思考和行为的限度,以及这种限度带来的混沌感的探究之中。

明显的一点在于"那边"的干部们的命运变化,小学校长在风暴来临之前选择退隐,书记副校长被遣返原籍,陈书玉颇为欣赏的那位新校女书记在运动中也受到冲击,高喊"向我开炮"……而1949年后对昔日玩伴始终避而不见的奚子,终于在风暴中现身,如丧家之犬,急急找藏身之处,就连最为神秘莫测的"弟弟",新时期再度露面时,也缺了颗牙。其中最为惨烈的一幕发生在房产管理处的汪同志身上,汪同志是典型的南下干部,家里亦有些祖业,他是小说中来自"那边"的对古宅唯一真正感兴趣的,陈书玉代表"这边"和他就哲学与生活的问题颇有一些对话,但他终至自戕,而且莫名其妙地吊到了陈书玉家古宅的梁上,仍是从陈书玉的眼里看到:后楼那张残网里,以为挂着个蜘蛛,结果是个人!以至于他后来一直在心里追问:为什么是你,为什么是你!实际上这个问题应该翻译成:为什么是这里,为什么是这里!古宅牵引出的天道不仁,网住了原本可以对它进行裁伐的人。

不过,如果单看这些情节,那就只是从古华的《芙蓉镇》以来被讲滥了的一种故事而已,没有太大新意。《启蒙时代》以外还写过《流逝》《富萍》等小说的王安忆自然不会去重谈什么革命的因果报应问题。毋宁说,这里所呈现的问题是,人对于任何一种本质的认定都是一个艰难而艰险的过程,无论是必然留在"这边"或者是已经到了"那边",都还是在新的意义上对世界进行探索。陈书玉几次遇到难题,或者在人生的转折关头,真心诚意地去向干部们请教、求助,多数时候他都得到了回应,因此才有了小说作为题记的一句话:他这一生中,总是遇到纯良的人,不让他变坏。"变坏"可以指人心的变坏,也可以指境遇的变糟。陈书玉勉强侥幸躲过了多次境遇变糟的危机,都与得到高人指点有关。最值得注意的是其中的两次,一次是他问"弟弟",改天换地之后他家的宅子该怎么办?"弟弟"回答:"顺其自然。"第二次是"文革"眼看就要开始,他又向新校女书记询问自己该怎么办,她回答:"不卑不亢。"两句四字箴言,加在一起的这八个字极有意味,不由让人想到冯至在四十年代的战乱中写下的诗歌,"把住一些把不住的事体"。人在不断变化的命运中,试图把握自己,顺势而为,既不放弃,也不勉强,这当然是最理想的,而与此同时,这八个字也是对那无可把握的变化感的妥协和认同,虽然是以退为进,但毕竟是一种退守的态度,是对命运的不可知的承认。这样明哲保身的话出自"那边"的重要人物之口,而且是其中两个最优秀的——"弟弟"无论是地位、胸怀还是能力,显然更胜从"这边"过去的奚子一筹。而那位女书记,可以说是陈书玉一生最为敬佩的两个女人之一,他敬佩朋友朱朱的资产阶级太太是因为朱太太有情有义,敬佩女书记则是因为她给他带来了对整个新时代的气象与风度的感受。重要的是这话并不带一点儿反讽,毫不轻浮,而是极为诚挚和认真的,仿佛天使启唇,唱出悲怆的预言,所以说他们是"纯良"的人。"这边"和"那边"之间出现了一种本不可能存在的知遇之感,把人们分开的东西,又把人们联系在了一起。

因此,对永恒难题的吟唱某种程度上超越了"以诗证史"的动机,可以说再次回到了诗学。在"考工"这一主题上,王安忆说她自己对于这座古宅的原型有过长期的观察,古宅自身的形态确实十分重要,一次又一次唤起男主人公岁月经年的感喟,在灵韵与诗歌的意义上,这座古宅的物质形态发挥了极大的作用。梁思成等人都说过,中国的古建筑不求原物长存，因满足于木材之用，只讲重建，不重修葺，也没有典籍传授营造术的传统。房屋营造上表现出中国人寄寓天地的生命观，是人心重于典章，典章更重于物质的民族。小说里陈家老宅的来源不详，具体朝代失于记载，只能模糊估计，它究竟来自圣赐官制、世家留传，还是商贾经营、附庸风雅，也只能凭口头上的一点流传想象，以及宅子的各种结构样式、工艺方法，种种只鳞片爪来论证，但这些物的痕迹又往往是自相矛盾的，门楣窗棂上雕刻着繁复的八仙，一直到小说快结尾的地方，还出现了一只神秘的、带有塞壬花纹的窨井盖，塞壬对八仙，让人如堕五里雾中，只能猜想古宅是来自那"醒于新异，标准摇动"（梁思成《中国建筑史》）的时代，这古宅虽然今日一砖、明日一瓦地一天天在真实地衰落下去，同时又变得越来越抽象，乃至十分存疑，在人的心目中，它越来越成为一种象征性的存在。

小说中有一段描写，陈书玉站在昼夜分际的古宅的阴影中，看那两重天地，"那一边有故旧，这一边有新知，他在中间，哪边也摆不脱，舍不下，满心怅惘"。但终于他能够感觉到一种力量，从四面八方围拢而来，而且"不是原始的野蛮，而是出于一种理性"，这一种力量一定是摧枯拉朽，改变一切的，但它究竟意欲何为，却没有结论，他只能将之视为"考验"。可以说，他的一生始终在等待这种考验，犹如等待"靴子落地";也可以说,为了迎接这种考验,他顶住了来自世俗人生的种种其他考验,比如拒绝了各种情感诱惑,甚至与患难见情的朱太太也绝缘了。王安忆小说中近来频频出现这类仿佛要与世界的所有诱惑绝缘的人物,往往是男性,但是,他们又一再地表现出要去经受别的宏大考验的倾向,比如《匿名》中的荒野流浪。对陈书玉来说,他越来越发现他其实并不孤独,这宅子伴着他,他的朋友们,乃至"那边"的新人们,也在时刻等待着这种考验的到来,"顺其自然,不卑不亢"因此不仅仅是心灵鸡汤,而是"时刻准备着"的一种凛然之心,最后他竟然也多少沾染了一点这种凛然之心,也有点像个英雄似的了。然而,这种考验究竟意味着什么,为什么所有的人都要不停地去经受考验,这就是二十世纪的永恒的宿命故事吗?

不可否认的是,最后"煮书亭"无法修复,其现实原因又回到了生活本身,犹如今天在电视上演的后现代闹剧,产权无法明晰,利益无法摆平,无法满足所有人,因此就随它去吧。可见足以解构全部悲剧性和本质问题的,才是真正的难题。伟大的"无情"最终为合理性的"无奈"所替代,这是真正的陷落。长使英雄泪满襟。

魂归何处

为什么删鲁迅

开学伊始,"教科书事件"又起,本轮主角不是狼牙山五壮士,不是草原英雄小姐妹,也不是三拳打死镇关西的鲁智深,而轮到了鲁迅先生——也可以说是终于轮到了鲁迅——有关鲁迅作品在中学语文课本里所占比重、所选篇目的议论其实早就开始了,今年的再度热议是因为有媒体用"鲁迅大撤退"这样的标题来提醒,各地语文课本中的鲁迅作品已被大幅删减和替换。针对此,某些网站展开了轰轰烈烈的民意调查运动,教科书专家们则更为义正词严地辟谣:我们没有删减鲁迅,只是替换了篇目,或者把他从"课本"转移到"读本"里去了,篇目不但没有删减,反而增加了呢。

只要在中国的基础教育环境中摸爬滚打过一遭的人,都明白"读本"是怎么回事。这些年的语文教育改革,的确改出了不少花团锦簇的读本,问题是众考生还得喝高考这一壶,哪里打得了那许多野食?"读本"的存在反而突出了必考版教材"只此一家"的重要性,乃是兵家必争之地。不知道有没有人做过30年来针对鲁迅作品的"选""换""删"情况的统计研究，至少在我的记忆中，中学老师花了最大力气讲解的几篇杂文，《论"费厄泼赖"应该缓行》《"丧家的""资本家的乏走狗"》《"友邦惊诧"论》等，早就悄悄地撤退出场。现今人们所乐于讨论的，是该如何抉择鲁迅那几篇小说、散文，而杂文连进入讨论的资格都没有了，难道真的是"杂文时代已经过去"了么？对当下社会稍有认识的人，恐怕都会对此打个问号吧。然而具有讽刺意味的是，无论大家争论得多么热烈，对待此类杂文的态度却是极为一致的。家长和学生觉得太难学，杂文虽短，一个字后面却要带着八种意思，隐藏着九个敌人；老师觉得太难教，我是教语文的又不是教思想史的；球场上激烈争夺鲁迅杯的双方球员呢，一方认为这些文章背后隐藏着所谓"正当性"问题，应该规避，另一方也正想摇身一变，好汉怕提当年勇。于是大家合力往"普遍性"的球门里踢了。在众看客眼中，守门的自然都是些疯子。

好在鲁迅小说、散文等带有"普遍性"的文体创作亦是一流，于是争论就集中在了藤野先生更感人呢，还是祥林嫂更鲜活，朝花夕拾更唯美呢，还是兄弟之情更人性。鲁迅诗云"曾惊秋肃临天下，敢遣春温上笔端"，或者更广为人知的"横眉冷对千夫指，俯首甘为孺子牛"，在他这里，不经过心智的磨砺、眼光的锻炼、对肃杀和严酷的体察，是站不稳自己的，也谈不上对人间有真切的温暖和热爱。鲁迅虽时时警

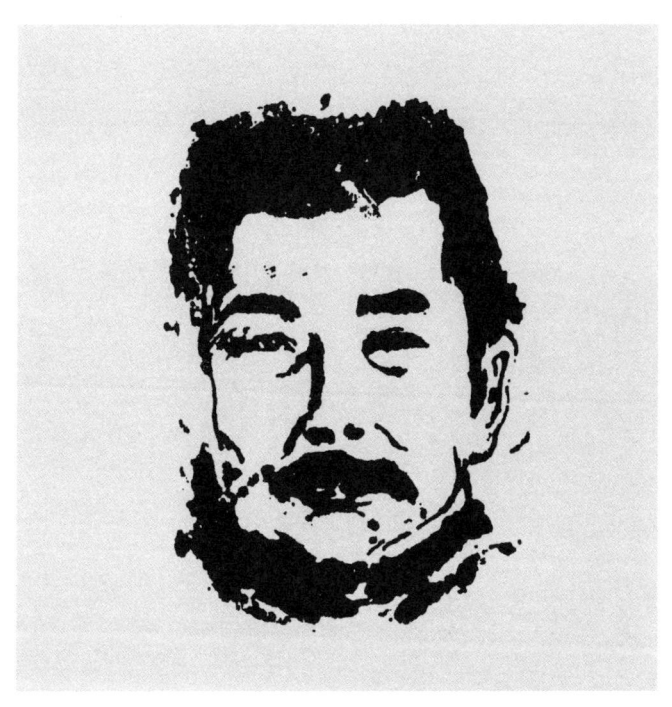

端木蕻良指绘的鲁迅像

醒自己对于一切的怀疑态度,但绝没有因此而赞成将人生的一切沉疴都减轻、抽离、取消的"消闲小品"方式,也绝没有就此躺倒在虚无的黑影里,却有人嫌其"内心黑暗""过于极端",不利于和谐了。在那些人看来,坐稳了的时代最大的特征就是温和、温和、更温和。"龙的传人"太张牙舞爪,要改;国歌充满了炮火声,要改;《药》里的血馒头太刺激人,也要改。就拿万灵的神药市场经济来说,现在大家最爱看的不也是些"鲁迅爱过的人"、"恋爱中的鲁迅"么?重要的大作家虽不能去掉,但最好能成为一团和气,拔去角牙,鲁迅变弥勒,天下无事。

可惜的是,要把鲁迅改造成林语堂、梁实秋之类的美文家,哪有那么容易。这里且模仿一下先生的杂文,随手摘一段"时文"来看,选自某网站王菲高价演唱会简介文字:

"对于均价2000元的票价会否定价太高,该权威人士表示不会,因为王菲在市场上一直有其号召力,而且歌迷群也颇有消费力,更重要的是,有关方面希望将这次演唱会办成一种高级派对的演唱会,自然就会有门槛的,而且这次演唱会据悉目前已经有不少赞助商趋之若鹜,承诺会包销大部分门票,估计届时仍会出现一票难求的局面。"

这段话下面有网友评论道:"那就让权威人士自己去买好了,真的喜欢王菲也不一定非要拿血汗钱去买高价票,以为我们是旧社会祥林嫂么,还要捐个门槛才能有身份么?!"

这评论让人看得实在高兴,不得不说,对"门槛"二字的准确理解,完全得益于我们曾经在中学一板一眼地读鲁迅,而没有把注意力全放到什么场景、气氛的设置、叙事者和作者的分离、祥林嫂身上体现出的人类命运等等东西上,并不是这些东西不重要,这些完全可以通过别的"世界性"作家去学习,但请勿用之模糊、偷换、抹杀鲁迅之所以成为鲁迅的地方吧。据说,为了适应年轻人的成长阶段,也为了学习曾经先锋的"荒诞派",余华的《十八岁出门远行》入选了新教材,编选者的意图固然很好,但对现实世界的荒诞缺乏理解的人,又怎能理解在编选者眼里十分高级的"荒诞派"小说呢?若真想在年轻人出门远行时送他们一程,还是记住鲁迅告诫年轻人的话吧,千万不要试图"拔着头发离开地球",也不要"拔着头发离开历史"。

蝴蝶飞了：再看胡适

刚刚过去的2011年对于中国文化和思想界来说，理应是个饱满的纪念之年，而无论是纪念鲁迅诞辰130周年，还是纪念胡适诞辰120周年，置于辛亥百年的宏大背景下，却都比预期中"低调"很多。鲁迅和胡适这两枚不同的符号，在国家机器与投资市场联手制造的文化工业图景中共同的沉寂，显得格外意味深长。

新年钟声并不能驱散百年中国延续的迷梦，先行之人注定还要一次又一次重临当代，后来者也注定只能从注视他们的形象开始。有意思的是，不管是崇敬鲁迅的，还是反对他的，抑或由崇敬走向反对的人心目中，鲁迅的形象都十分充裕——这也和他在叙事作品中反复自我画像有关。相比之下，胡适留给后人的形象，可用他褒举张爱玲的话来形容：平淡而近自然。当然，这并不意味着胡适神秘——虽然他曾在我们的社会语境中神秘了很多年——他的自传、书信等各类个人资料的保有量是相当高的，但都多了反而感觉减少对他的了解，累积的阅读使你不断靠近并加强对那个审慎思考、理性选择、信任公理战胜的现代知识分子的固定印象，有人说他严守隐私，只让一些确定的说法流传世间，哪怕是涉及个人生活的材料，也表述得十分"公益"。1891年冬天出生的胡适，作为新文化运动诗歌、小说、戏剧、哲学改革的先驱，他的文化实践不光体现在学术和政治生涯中，也体现为对人生精粹与要义的一种明了的把握。

但胡适的形象并不止于他个人自身的意义，正如唐德刚在《胡适口述自传》译后感里所说，人们都在"看胡适"（Hu Shih watching），而外行看热闹，内行看门道，这和看梅兰芳是大同小异的。戏台下看客的痴迷多少会有自我形象投射于人物，而新文化运动这台悲情大戏，更须有几个巨擘型的角色容世人模拟、投射、制造镜像才行。榜样的力量无穷，最早的文化转型期的"大人格"榜样，更是一种象征意义上的社会人格塑形。胡适的糟糠之妻不下堂事迹，上自蒋介石下至庶民百姓都津津乐道，就是一例。从这个意义上说，胡适的形象已颇具文学性，并且时常通过"导师"与"青年"的关系折射出来。在红色经典《青春之歌》之中，胡适虽未直接登场，却从他的亲炙弟子余永泽身上见出处处强有力的踪影。

胡适的形象又和他的哲学观一样颇有定论，很难被戏剧化，无怪唐德刚说他五十年如一日的不偏不倚。哪怕搬出朱迪斯·巴特勒或拉康来，再拉上同时代吴宓的窥淫癖，似也不能完全扳倒这样的一种整全理性的"扮相"。（可参看江勇振文《男性与自我的扮相：胡适的爱情、躯体与隐私观》，载《现代中文学刊》2011年第6期）与鲁迅的沉入暗夜、反戈一击，搬动、清算所有的厚黑不同，胡适提倡国人在思想建设上别开一路。1931年他写下《我的信仰》一文，试图为没有统一宗教信仰的中国人建设新的宇宙与人生观，破除迷信，将自然主义的社会观当做一种信仰，即"社会不朽的宗教"。"小我"的一切功德、罪孽均作用于社会之"大我"身上，一个人的不朽系于社会总体能量的转换，这是科学精神与社会秩序、个人自由理念的结合体。在胡适的理想中，这种观念可以中和进化论的丛林竞争意味，"这个自然主义的人生观里，未尝没有美，未尝没有诗意，未尝没有道德的责任，未尝没有充分运用创造的智慧的机会"。

提倡健全而理性的个人主义，建设独立自主的人格，进而团体，进而社会，曾经是新文化运动的重要见解，不过，这种人与社会关系的实用论假设，很快被民族、阶层的重重矛盾所"解构"，对于社会的整体化想象也分崩离析。历史选择了从"批判国民性"进向"大众化"的另一种逆转的潮流。今天看来，"五四"时期的人格理想观仍然美好得像是一则童话。胡适深信人生最神圣的责任是"努力思想得好"，他推崇赫胥黎的话，"一个人生命中最神圣的举动，就是说出并感觉得我相信某种东西是真的。生在世上一切最大的赏，一切最重要的罚，都是系在这个举动上"。所以，从一切"应然"的社会与人性规律出发，胡适有不惮于尝试的乐观实验，问题小说、易卜生主义戏剧，以及最难攻克的白话诗歌堡垒，他都非尝试不可，凭着这种乐观和自信，新文学史上的第一首白话新诗《蝴蝶》才创作出来了。

"两个黄蝴蝶，双双飞上天。不知为什么，一个忽飞还。剩下那一个，孤单怪可怜。也无心上天，天上太孤单。"据说当年北大一位教授把这首诗抄上黑板后一言不发大笑不止。然而依照另一位白话文学天才废名的说法，《两只蝴蝶》堪称一首够格而优秀的现代诗，因为它包含了足够的诗歌的内容，在这首诗中，诗人瞬间被触发的情绪完整地得到了表达，而这个完整的情绪过程背后所蕴藏的，是一个健全而自由的现代主体。废名用"文"与"质"的区别来描述新旧诗歌的不同，旧体诗是形式大于内容的"文胜质"，而新体诗是"质胜文"，这与胡适在《逼上梁山》一文里说的"今日文学大病"在于"有文而无质"暗合。何为"质"？现代人主动的生命精神、孜孜不倦探索的视野和自我完善的要求。比起言之无质的旧体诗词，小诗《蝴蝶》孕育了一种自我健全和负责的理想，仅仅蝴蝶扑翅、蜻蜓点水般微末的情绪和见解，可以扩大为整个新文化理想之涟漪,甚或扇起激进飓风。胡适在写这首诗之前与梅光迪等保守派有过许多争论,才将原来的"诗歌革命"改为"文学改良刍议"与"尝试"等较为谨慎的表达,而"文学革命"这杆大旗,最后是被陈独秀他们接过去了。

观之不足《异乡记》

翻翻这本三万来字的《异乡记》残稿,其中大段的农村风景描绘,乡里风俗,以及被胡适赞为"平淡而近自然"的人情境界,后来都在《秧歌》中重复出现。《异乡记》的发现者宋以朗先生也认为,此书"不但详细记录了张爱玲人生中某段关键日子,更是她日后创作时不断参考的一个蓝本"。可以说,《异乡记》串联起了《华丽缘》和《小团圆》的情节,同时成为《秧歌》《怨女》《小艾》等张爱玲"涉农"作品的养料。很难想象,这有限的一点农村旅行生活经历,竟能支撑作家晕染时代转变之际的宏大话题。对1945年以后的张爱玲来说,虽然尝试起新风格来有点小心翼翼,但也不失豪情,"中国的日夜""创世纪"有了,"底层""赤地"也渐渐都有了,这段感伤的"探夫索夫"旅程艰苦卓绝,却着实不浪费。

至少说明一点,张爱玲对中国农村的感受,并非仅仅来自五十年代初的那次"随团体验生活",而是在1946年的寻夫旅途中就已奠定,将这些感受植入1949年后的故事中,有点穿越的意思,而这样一来,《秧歌》的破绽也就明显了。

但我还准备谈谈《异乡记》本身。此书腰封上宣传的"深情远奔",以及"前所未见,充满同情的农村经验,底层生活"云云很不可靠。远奔之"深情"或许还能领略到几分,主人公想到她的"拉尼"正在一个不知名山村里等待接济时,忍不住在心里怆然呼唤两三声。然而从保存下来的这些文字看,"沈太太"的心腔子里常常塞满了怨艾之情,对周遭环境疑惑、恐惧、隔膜,移步换景,幕幕脱不了尴尬、寒碜,偶有温情抬头,也只能反衬出惆怅莫名。当然,这些人生冷嘲本是张氏文字的"普遍性",但《异乡记》更添上了尤为严峻的自画,似乎极讨厌处于这种状态的自己,使得自恋与自怨两种情感互相压抑。一边是严格地整饬内心认同,"如果我有一天看见这样的东西(按:指脏枕头)就径自把疲倦的头枕在上面,那我是真的满不在乎了,真的沉沦了"。一边又绘声绘色描摹窘境,三番两次细写旅途中小解之不便。撕开华美譬喻,直接露出残破的身体本相,略带一点自然主义式的泥沙俱下的兴奋,这本身也成了张爱玲较晚时期作品的一种风格。

对照《华丽缘》再看《异乡记》,更能解读此时张爱玲心中的诸多曲折。寄宿乡下期间去看绍兴戏,她望见戏台上张贴着孙中山的画像和对联,感到自己"连感慨的资格都没有的",但还是"一阵心酸,连眼泪都要掉下来了"。1947年张在《传奇》增订本序言中,针对文化汉奸的指控极力辩白,两段话写得颇为夹缠，口齿伶俐的女作家不见了，代之以长途跋涉，终而气苦的女人。那绍兴戏里的才子和表妹订下鸳盟，一转身又看上了别家小姐，张爱玲叹道："有朝一日他功成名就，奉旨完婚的时候，自会一路娶过来，决不会漏掉她一个。从前的男人是没有负心的必要的。"这也是酸，苦，《异乡记》的读者请从头再尝一遍。

从"卖金上路"开始，这段异乡旅程就注定了破败之相，张爱玲似乎将自己的满腔酸楚都倾斜到沿途所见人物身上，如同以大头针制作飞蛾标本，见一个钉死一个。金店伙计、各色旅客、脚夫、沿途兵车、寄宿人家的亲戚、女佣、食客、流亡学生，一个都不放过，她那专门针对小人物窘相的杀伐笔法发挥得淋漓尽致，好似天地万物都要随她一起体验凄凉惨淡的人生。1945年以后，张爱玲的笔下平添不少家国之感，是要从"到底是上海人"进化为"到底是中国"？沈太太逃难般赶到火车站，却见"车站外面排列着露宿轧票的人们的铺盖、篾席，难民似的一群，太分明地仿佛代表一些什么——一个阶级？一个时代？"张氏作品的精妙在于总能启发读者"人生分明是……"，然而时代"太分明了"对她又意味着什么？

张迷们都能口诵张爱玲对小市民的态度："因为懂得，所以慈悲"，而农村作为"异乡"关键在于，那里有很多永远不能懂得的人。华丽的社戏曲终人散之际，外来的作家并没能对村人们形成任何内心理解，唯独感觉他们像几何学上的一个一个点，组成了新的坐标，而她自己，虽有"长度、厚度和阔度"却"没有位置"。这一路上张爱玲也曾努力刻画这些异乡的人们，她选择的一个角度竟然是"看客"——没有批评，没有倾向，完全以"看饱"为满足，永远不置一词——如果有人选编中国作家写"看客"的文字，《异乡记》里的生动描摹绝对应当入选。然而张爱玲自己同样流连忘返于"亲眼看见"："在美国新闻记者的照片里也见过这样的圆脸细眼的小孩，是我们的同胞。现在给我亲眼看见了，不由得使我感觉到：真的是我们的同胞么？"行到水穷，"国土"和"同胞"渐收眼底，唱大戏、迎神、舞狮子、别扭的新式文明结婚，张爱玲仍是处处眼尖，依旧细致如画，然而一旦亲临国土，置身于"黄尘滚滚的中原"，"人民五彩斑斓的梦"以及"亘古的荒凉"，这些整体性的感慨却显得有些陈旧与软弱，仿佛需要依赖"异乡"与"奇景"这类命名，才能虚化内心那份凄惶。

书稿戛然而止，所幸我们已经读到沈太太对此行总体感觉的概括："好像是《红楼梦》那样一部大书将要完了的时候，重到'太虚幻境'。"既是太虚幻境，最后的结局也不会错的了，有道是：反认他乡是故乡！

周天籁的再发现

周天籁（1906—1983），是民国时期上海著名的通俗文学作家，代表作《亭子间嫂嫂》《亭子间嫂嫂外传》，1990年代被当做"海派"文学的代表作品发掘出来以后，一时广为流传，"嫂嫂"成为现代文学史上一种引人入胜、发人深思的女性形象。但是，对这位高产的连载小说作者来说，光有一部《亭子间嫂嫂》，远不足以看到他作品的全貌，也不足以通过他的写作，来一窥上海小报连载文学的别样风光。近年来，文汇出版社陆续推出了周天籁的其他作品，如《浪漫浪漫集》《逍遥逍遥集》等后期写于台湾的随笔文章，受到读者喜爱。而他1940年代的其他小说，除了《夜夜春宵》一部以外，一直未能与读者见面。这次文汇出版社又选择了《风流千金》《桃源艳迹》《粉红色的炸弹》和《春之恋》四部长篇，通过努力，付梓出版，在很大程度上补足了周天籁以一幅挥洒笔墨所刻画出的"洋场风景"。

《风流千金》，1941年12月1日到1942年9月30日连载于上海《吉报》，共282节，1946年由文光书局出版。这部小说讲述一位出身良好家庭的年轻小姐,经由上海的风月场所,与一个又一个异性结交,兜兜转转,最后染病而丧命。作品是典型的市民通俗小说笔法,却有几个原因而显得颇为不同。首先是主题的大胆,虽然写作时间仅隔一年,周天籁笔下的女主人公,已经从过着身不由己的悲苦生活的"亭子间嫂嫂",变成了对男性放浪追逐的富家千金。这位都市女性不但追求情场自由,而且对男人挥洒钱财,慷慨有加,只为品尝情和欲之欢乐,虽亦处处遇人不淑,尤其是"情"与"欲"常难两全,但作者在这部小说里似乎采用了西方小说"零度写作"的一种动机,对于笔下人物的命运不流露任何态度,只以不断的呈现为己任,而不加任何品评解释。

这其实也是周天籁这四篇作品的一个共同特点,作者好像只是客观描述现象与事实,他确实颇喜欢给自己的小说加上"事实小说"之标签,含义有如今天的"非虚构",当然,谁也知道"事实"只是一个幌子,这些作品整体上呈现出一种猎奇的态度,因此无法像《亭子间嫂嫂》那样,可以被一种"五四"以来的展现底层与社会关怀的文学主潮所容纳,最终难免埋没。不过,今天重新来看待这些在当时很有一些阅读量的连载小说,会发现其中一些独特的文学性的线索,首先当然是文学的娱乐功能。《桃源艳迹》(小说连载版标注有"海上事实"字样),1948年10月12日到1949年1月16

日连载于上海《风报》,叙述桃源坊的两富豪家里的一连串私情故事,因都是争风吃醋的情节,难免雷同,不过,娱乐的一大特点本来就是不断重复同一个模式,小说也由于涉及形形色色的三教九流,而具有了另外一种观察世态的角度。《粉红色的炸弹》,分两段于1947年和1948年分别连载于上海的《苏报》与《辛报》,连载时名为《情弦应变记》,讲的是上海公司职员生活里的饮食男女,主要人物有广告公司的经理、小职员,破落了的交际花等等。这些男女之间的情感纠葛陈义不高,通常只是出于生存的需要,或欲望的交集,因而没有任何的"文艺腔",却受到小报读者的欢迎,这里面也可以看出一点普通人对于文艺的需求。

我另外感到有点吃惊的,是周天籁这几篇小说里一种不自觉的"摩登"色彩。《风流千金》中的女性大胆追求感官享乐,与上海1930年代都市现代性中的"摩登女郎"叙述可谓前后承接,而这位掩人耳目,勾栏里流连的风流千金,还让人联想起法国著名的新浪潮电影《白日美人》里的中产阶级家庭主妇,同样在优越的家庭生活之下去妓院"工作",最后也是悲剧结尾。两相比较,还不能完全用女性的性意识解放来解释,更保留了一种对于社会整体结构的压抑性的表现,虽然在周天籁的上海,这完全是用奇闻八卦的形式讲出来的。由此发觉,所谓通俗与先锋、消费主义与问题小说等等,似乎也不能简单地去区分与归类。

同样的还有《春之恋》。男主人公早早地依从家长安排而婚娶，却从没有自主谈过恋爱，为了成为一名成功的作家，他决定和过去青梅竹马的女同学修好，目的完全是为了写出符合新式恋爱观的小说作品来，他一边恋爱一边记录恋爱，等到完成了这部小说以后，他的恋爱也就走到了尽头。周天籁没有让我们读到这部"小说中的小说"，不过这已足够对新式自由恋爱构成一种讽刺，对新文学的"恋爱小说"更有强烈的反讽。实际上，周天籁所有的小说虽然写的都是情爱主题，却没有一部是"五四"新文学意义上的"恋爱小说"，或许《春之恋》所透露出的，正是通俗文学作家对新文学的某种理解。

与《亭子间嫂嫂》相比，《风流千金》等几部小说的叙述和文笔都有些不一样，前者明显要含蓄很多。这里的几部小说，其原文略嫌拖沓，有些地方前后会表现出不一致、不平衡，体现出小报连载小说常常会出现的问题：为写而写，笔墨铺张浪费，或为了迎合读者的某些趣味而刻意为之，这虽在特定的语境里增加了"可读性"，却损害了其艺术上的价值。这次重新出版时，对原文酌情加以调整，旨在发掘、整理这一上海通俗文学不可多得的原始资料，为读者和文学史研究者们提供参考。

上世纪初的通俗小说家们仰赖阅读市场而生存，纵然也能写出传世佳作，却很难终生爱惜羽毛，周天籁就是这样的一个例子。不过，这些泥沙俱下的文字里夹带了时代的种种物质与精神状况，表现出市民生活的百态写真，上海方言的俚俗韵味，乃至于文学和文化本身的一些特殊状态，不加修饰，让人有身临其境之感，这不能不说就是"海派"文学的本义了。

驴得水：隐喻正当时

话剧《驴得水》的海报上赫然写着一句：一切知识分子都是纸老虎！让我们在与它见面之前已经穿越了好几个问题，"知识分子"与"反动派"具有相近的结构？在牛鬼蛇神之后，现在轮到驴了？

根据导演的自述，这是一部讨论"底线"的话剧。不知从何时开始，在我们这个怪现状迭出的社会，讲究伦理、价值观和道德感都已经是奢侈的事，能够讨论的只有底线而已。然而底线恰恰是由上述这些东西决定的，所以也许更多的时候，人们并不是在讨论，而是在试探、触碰底线的有无，以及作恶的境界。在这个问题上，知识分子最有发言权，因为他们向来掌握一定的社会话语权，是社会的喉舌——然而他们也许更像扁桃腺，在大病爆发之前自己先病得不轻。所以，纷乱的世相降临人间之际，描画知识分子的作品便会层出不穷，讽刺读书人会得到诸多笑料，比如人人都爱的《围城》（《驴得水》也提到"克莱顿大学"那码事），由于他们身上所笼罩的理念光环和准启蒙者的身份，他们思想的底色便与行动的光谱形成格外鲜明的对照,这便是喜剧性的来源。

《驴得水》高调宣布知识分子良心的破产,不过我觉得,这里的知识分子不止几个教书匠,如果按照葛兰西对有机知识分子的定义,与知识和知识体系相关的从业人员,包括此刻正在阅读这篇小文章的人们,都是知识分子群体中的一员。现代社会起源于现代知识,这本身也是一个隐喻。

话剧的前半部分搞笑的因素很多,尤其是那些与性有关的笑料,让人几乎就要将这几个角色漫画化了,所谓乡村小学教育经费短缺的困局,仿佛也不过是刻画人物各自缺陷的虚化背景。后半部分剧情有了转折,教育部的特派员指认铁匠为驴得水教员,让这个边缘人忽然复活,连同着其他几个角色一起,获得了内心深度,从这里展开了真正的叙事性,同时危机也展开了。演员们纷纷抖落了小品化的外壳,而展示出各自的"内情"。铁匠是一个重要的人物,他原本是一个不识字、肮脏、一脑袋混沌的农民,无意中被卷入这场风波,经过一点诗书启蒙,忽然翻转过来成了"知识主体":他弃用了一口方言,不再像以前那样见到官帽就下跪,而且发生了情欲的要求。不过,剧作者们没有在他身上来一个最终人性大觉醒的俗套,他保持了欲望的彻底的排他性,落在与他一夜风流的交际花身上的感觉只有恨而已,这种恨在恰当的历史时刻,便会成为打破虚假平衡、改变社会结构的恶的动力。

恶的来源有两个,一个是在受了利用,同时也受了教育以后,反过来要求自己尊严的"贱民",另一个是掌握着国家权力的官僚利益集团。在两重夹击之下,喜剧结构被打破,几个角色之间先前脆弱的纽带、靠不住的热情和内心的贪婪都被牵扯出来,一切温情脉脉的东西都烟消云散了,包括友情、爱情、亲情与理想。启蒙者的动摇与孱弱把喜剧变成了悲剧,不过,喜剧的幽灵仍然在舞台上徘徊,设置灵堂、抢夺美金等一系列场景,如果没有讽刺喜剧所赋予的象征结构,很难快速地制造一环又一环的寓意。眼瞅着这群人随着危机的深入纷纷败坏下去,源于日常琐屑的偶然性与来自环境的必然性交织在一起,短视的人只能根据眼前的危机情景作出笨拙又可怕的反应。这里面隐含着一个问题:究竟是具体的时代与环境逼迫人摧毁底线,还是人的普遍软弱性导致悲剧的发生?这两者的侧重点稍有不同,就会使观众得出截然不同的结论,根据哈罗德·布鲁姆的看法,古往今来只有莎士比亚能够做到两者之间最高境界的平衡。我在《驴得水》里也看到了保持类似平衡的努力,剧中的一个人物直接面对了子弹,而后站起来变成了另外一个人,这种说服力无疑是需要代入许多生存体验才能冒险达到的。

不用提醒,几乎人人都能看出,《驴得水》一剧对"时代背景"的虚设,胡乱地写一个日期到黑板上,只能提醒人们它就要大大地发挥其隐喻效能了。由此,之所以选择知识分子作为表现对象,我想还有另一个原因,启蒙知识分子与理想天然地结合在一起,如果不是因为理想,这几个人不会从城里来到乡村小学,也不会从自己的工资中拿出钱来倒贴招收学生。这里的理想可以是一种教育民众的抱负,也可以视为一切有感召力的教化诉求。知识分子的作用是引领或刺激社会走上教化之路而摆脱蒙昧。然而,正是这种理想主义映照出舞台中人立场的穷困、底线的失守,穷困和失守并非人性的固有,而是人搅动了自然和蒙昧状态,人为地制造了自我冲突的结构之后,问题才暴露出来。

在这个意义上,这出话剧的确触及了一些严肃的主题,当代每一个中国人都熟悉理想主义,也很容易从检讨理想主义的失败出发,来与当下的犬儒生活妥协。北京的朋友告诉我,此剧在北京演出,校长被拉出来批斗时还戴着一顶纸糊高帽子,这顶高帽子轻易就能点燃人们对历史隐喻的消费热情,这也是一些朋友不喜欢此剧的原因。全剧还有两点显得比较可疑,一是校长应该给铁匠看什么书,二是那位自始至终一脸无辜相的美国人,从这些疑点出发所能展开的想象,完全有可能颠覆全剧的叙事。《驴得水》的台词和部分情节据说是由众多演员群策群力而达成,它因此有着一些非常细腻的段落，如果能将这种细腻进行到底，用一以贯之的精细化态度来照亮其全部隐喻谱系，也许能够挑战一部分自我预设，尤其是那些还显得比较简单的部分，从而讲出更为复杂的东西来。

魂归何处
——读《五四之魂：中国知识分子精神史》

2009年是"五四"运动90周年，这样一个纪念日在什么意义上还能进入人们的视野，现在看来是愈加含混不清了。或许就像很多类似的事情，最后贴上标签，众人敷衍一番了事。但不管为纪念，还是为忘却，总还有人"到底意难平"，不断想去尝试厘清各种对"五四"的认识、说法、解释，从并不太久远的历史中为现时的人们召唤出新的能量。林贤治的著作《五四之魂》，就从"中国知识分子精神史"的角度，试图再度阐明"五四"文化运动的主旨。如果说对"五四"的众说纷纭来自其内涵本身的复杂性，那么作者所着力刻画的"五四"之动人处，就在于它曾经赋予一群知识分子以使命感和精神资源，而这在漫长的二十世纪中国，在作者看来，几乎成了一杆无形的秤，时时衡量着现代中国知识分子的伦理与操守。《五四之魂》是一本论文集，但其中的文章，无论是整体勾勒"五四"时期的文化环境，还是选取知识分子个案进行样本细读，在"知识分子"和"精神"两个关键词之下,显然有着统一的问题意识和诉求。所以,尽管作者在《自序》中说"所谓'史',明显是夸大了的说法,只是借以显示精神演变的一条线索而已",读者不妨把这条线索理解成一种隐含着的历史观。

当然,此处历史书写的特殊性在于:作者笔下确有一个个血肉丰满的故事,不过它们既不以叙事取胜,也不重在整理材料、补缀史实,作为"精神史",关键在于描述中国自现代转型期的发生至"文革"前后,这一段充满变数的历史时期中知识分子的精神历程。所谓精神,一是指事物在表面现象背后的意义、逻辑、因由,二是指知识分子的追求和生存信念。作者认为这两者在"五四"以来的现代中国历史中都扮演了重要的角色,所以,"精神"可以说是知识分子所发现的历史内在动力,既是他们的思想成果,同时又是用来定义他们自身存在的价值准绳,从这个角度看两者是合一的。

不过,如果说知识分子作为至高精神的化身,有资格和权力去阐释历史的内在逻辑的话,那么可以追问的是,这种阐释行为在多大程度上具备独立的价值。知识分子所要面对的,不仅仅是怎么选择精神道路的问题,还有整体的社会形态是怎么改变的,而自己在这改变中处于什么位置的问题。在这个时候,不论是自由思考还是独立精神,都不再是抽象的理念。

书中的知识分子个案，作者特别留意于他们在特定的社会条件下，是否能保持精神自尊，独立思考，自由发问。他逐一检点了上述知识者在这一层面上的成功以及失败之处。作者对继承"五四"精神的执着、坚持和严格令人心生敬佩。

探讨知识分子的灵魂归属，应该跟思考整体的时代状况产生更复杂的互动关系，才能进入时代的核心症结，对精神的坚持也才能容纳更多问题。正如作者在褒扬"五四"精神时，显示出了与那些试图将"五四"知识化、学院化、保守化的言论的区别，同时得以重新定义"学者"的概念，得出"五四"是"没有学者的时代"的结论，这就是作者在知识分子的现世关怀和斗争精神这个层面上，所延伸出的一个可贵的思考。同样我们也有理由期待对"知识分子"本身有更多深层的讨论出现，去除所有虚幻的光环，让这个词归于并成为真正的历史与现实的一部分。

资料学的想象力

当各种网络搜索引擎组织起人们的视野,今天还有谁会以纯粹的资料收藏和阅读为乐趣呢?信息永远唾手可得。换句话说,一切都转瞬即逝,但没有什么东西能成为纯粹"过去的",因为我们已不必像以前那样,用剪刀和浆糊做成剪贴本,来小心翼翼地保留各种用途的资料,互联网使"共时"变得充满可能。或许人们对"资料"本身的感觉正发生着很大变化,尤其是1980年代以来的中国社会与文化,谁也不能说这30年的"新时期"历史已经得出了什么结论,即使是相比30年前已显得大大衰微的当代文学,同样还有许多问题尚未被提出,也很难解决。那么,应该怎么看待,怎么描述、确立当代文学中的史料,这不但是一个当代文学研究的专业问题,也关乎我们在更广泛的当代历史条件下如何理解自我,以及自我的由来。

实际上"新时期"文学本身由来并不复杂,几乎所有当代文学的读者都能够理解从"伤痕"文学的如泣如诉,到"先锋"文学的剑拔弩张,是和中国社会政治、人文环境的大气候变迁密切相关的。不过,"先锋派"的发生,却需要实实在在地从具体作家的创作中去分析,去"解码"。而马原,这个或许为更年轻的阅读者所陌生的名字,却和近30年来的文学书写轨迹,及其延伸到当下的诸多问题联系在一起。正如陈晓明在《最后的仪式——"先锋派"的历史及其评估》一文中说,"在这次历史性的转折中,马原无疑起到关键性的作用。在清理'先锋派'的历史轨迹时,马原不可否认是一个标明历史界线的起点。"故而围绕作家马原建立研究资料,实在是通向那段充满了挑战、变化和"文化领导权"之争的年代。而又如李洁非在《十年烟云过眼——小说潮流亲历录》一文中所说,"1984年,当一个名叫马原的并不出名的作家在西藏高原上抛出《拉萨河女神》时,大家都感到很意外,一时竟没有做出恰当的反应。"若按之以尼采的"永恒轮回"说,则这样的"失语"时刻在近30年之中也曾反复困惑过当代中国学人,亦必在今后的道路中重新降临。从这个角度来看,关于马原的研究资料集颇可以打开中国当代文化的某个关键性时刻,整理、收藏那一时刻的文学批评与研究信息,同时又与当下的阅读、写作、评论和研究形成深邃的呼应。

因此,重要的是,以辑录和编目为主的资料学工作,在不失却详尽、真实的标准外,本身有没有可能通过编者放出眼光后的遴选、归类和编辑,去描述现象和问题,为生成新的学术研究想象力提供依据。众所周知，当下的文学批评与研究范式一直在不断地更新、拓展，在新的知识条件和学术环境中，上述问题应该被认真地提出来。

《马原源码——马原研究资料集》将收录的研究资料分为主题性的四辑。第一辑"新时期文坛：'有马原的风景'"，以马原在文坛的出现、流行及影响力的变化为线索，为"新时期"文坛的整体面貌描绘出一幅地形图，这些文章均从大处着眼，从中可以读出面临"马原（现代派写作）来了"，当代文坛的种种准备状况，或者无准备状况，不但表现马原写作的语境，更表现他的写作挑起了新的问题意识的集合。第二辑"先锋·马原：迷宫之门"收录对马原小说先锋意识的争鸣文章，从吴亮那篇著名的《马原的叙述圈套》开始，在"先锋"问题上切磋琢磨，意在打开以马原为代表的先锋写作的"迷宫"。第三辑"细读·对话：迷人的诱惑"，集中于《冈底斯的诱惑》《错误》《西海无帆船》这几篇马原代表作的细读。第四辑"夫子自道：谁能够喜怒哀乐自由"，则是马原本人对作家身份的自我审视。值得一提的是，《马原源码》有一篇独特的"编后记"，在其他研究资料集中不多见。编者在文中提到了重新确立当代文学研究范式的意义，呼吁关注文学个案在区域性的文学史以及整个世界文学格局中的位置，同时建立起文学研究与社会、经济、文化等方面的关系系统。

编者明确表示，从这本研究资料集想要开始的工作是，借鉴话语理论、知识考古的方法，梳理文学批评研究资料，将之归结到观念史研究的大背景中去。而从马原出发，最直接的当然是寻找"先锋"话语是如何在现代性的语境中被建构起来的。有了这一抱负和动力，所有指向马原的批评，同时又构成了指向更大的研究内容和想象力的对象，或者说，它们本身构成人们描述当代文化种种格局及症候的资料。鉴于马原新时期先锋文学"第一人"的身份，这本资料集本身是否也带上了重新寻找"再解读"之出发点的意义？这还有待时间和读者来检验。

文化研究的作用

《热风学术》的主题是文化研究,并且是"中国的文化研究",打开书页,闻不到那种后殖民时期的新学术殖民气息,而能看到的是对"中国问题"的关切。房地产与城市空间、1950年代的中国工人状况、中国改革物语、超女现象与大众传媒、汶川地震观察……这些主题互相之间缠绕渗透,绵密的互文关系让人有点透不过气来,反而会有些担心,不多玩点理论,不多制造点学术时尚感,怎么吸引眼球?编者自述,"以'学术'方式关注当代中国",我的理解是,务必突出文化研究——打引号的"学术"在当代中国的作用。"作用"这个词有点危险,大概是"纯学术"研究避之唯恐不及的。现代学术逐步变成产生于学院,消化于学院的一种东西,也可以被定义为消费品,其消费品格充塞着行业潜规则,一荣俱荣,一损皆损。但文化研究出现以后,这种格局据说要被打破,因为文化研究的本义,就是反对那一套学院分工制度,用各种不拘一格的方法、理路,切入当代生活的种种问题,它是一种"游击战"。

不过，文化研究进入中国，似乎面临更复杂的问题。一方面，我们正在创办"世界一流大学"，加紧建立、完善学术机制，收编散兵游勇，培养专家人才，用国家经费给你添几张平静的书桌。另一方面，无论三十年还是六十年，当代中国的"激变"有目共睹，没有一种学术能够或敢于宣称自己号准中国脉搏。常见仁人志士们在酒桌上指点江山，在咖啡馆里沉痛出击，在手机短信里嬉笑怒骂，然而一俟正襟危坐学问起来，仍然老老实实打捞对象、勘定地界。如若不然，就在"纯学术"体制外和市场跳回交谊舞，维护看不见的手带来的自由，用时髦话说，"亦是好的"。

另一种尴尬也在发生。文化研究带来的那几种理论武器，为我们在新的时代条件下揭开了许多历史真假古董的面目，训练得人人心明眼亮，透彻万分。比如有一批作者接过西方马克思主义者们的大旗，重新强调"生产"，"生产"真是个好词，道出了许多现状的由来，让我们知晓那些看似自然而天衣无缝的事情，背后每个环节上的权力、目的、手段等等，破除我们作为消费者而被动存在的唯一身份。不过问题在于，揭秘之后，"生产"便也可放心坐实，就像已经有不少人发现研究消费抵制不了消费时代，宣告"生产"也难免又制造出一种秘笈，从来就没有什么救世主，权威倒塌，偶像黄昏，人人皆可生产，大不了自产自销。

这只是一个例子，说明文化研究创造出的"关键词"总是迅速成为众人皆知的秘密，把不住那点批判性，真是，坐稳会出问题，说透也会出问题，剩下的是不是只有当年鲁迅的态度——"速朽"？因为只有速朽之物，才能在最具体的语境下产生效用，而不怕变幻，避免招安。如果你把这看成一种勇敢、死硬的态度，那么这种态度在今天如何与学术研究本身的价值结合起来？这个问题大概会使做文化研究不那么容易起来。《热风学术》里的每一篇文章都有相当的篇幅，作者放眼重大主题，精心钻研史料、解读现象，当然也不乏拿来西学，这是对学术价值的维持还是重写？像热风那样学术，本身就是一个两难的选择，必须要既"阅读当下"，又"重返现场"，既做观察者，又做理论家，这任务艰巨，需要治学者重新选择自己的立足点，在新的现实环境中积聚能量，甚至选择一些不可能完成的任务。所以，《热风学术》中的文章，多多少少都在"越界"，不光体现在研究手法、创作动机上，更体现在判断、立场、责任这些与"作用"密切相关的层面上。

《热风学术》只出了两期，作为读者去"总结"它还不如写点老实的"寄语"在这里。希望《热风学术》保持热烈的现场感，更多打开现实。希望作者们把笔触更多深入大众人心，对普通人看似明白，但又不那么明白的东西发言，让它们都"学术"起来。希望更多亚洲和中国学者发挥理论创造力,"再解读"我们自己的历史。希望文化研究持续地在当代中国发挥作用,让人们在这场"热风"背后,看到学术研究的真义。

下一站小说
——读《不失者》

具备一定当代小说阅读经验的人，绝不会被封皮上附带的、可爱的小标签吓着——"中国的村上春树"。遥想二十年前，小说要继续表达"与群治之关系"，同时又迫不及待想建立独立的"美学王国"时，就有那么多"中国的卡夫卡"、"中国的马尔克斯"、"中国的博尔赫斯"理直气壮地出现。只不过在全球化资讯爆炸的今天，不管是卡夫卡还是博尔赫斯都已经不再神秘和遥远，换句话说，不再为学院派或精英人士所垄断解释、发布权，畅销书作家村上春树当然更可以被一切爱好者用来装点头脑、梦境或其他。当年人们总是很容易在"比较文学"中找到乐趣，今天那些饱含壮志、播下龙种的话题已全然萎谢了吗？也许是吧，"中国的某某"这样的句式已经刺激不了多少幻觉了，虽然它仍然可能饱含深意。

对我来说，即使读《不失者》的确让我觉得在村上春树的意境中旅游，也并不妨碍我的阅读专注程度，很简单，因为这是一本中国小说。虽然作者刻意回避"中国化"书写，没有人名，生活讲究又博学的主人公"我"不看中国书，不听中国音乐，不用国货，除了偶尔出现的几道中式菜名、"中秋节"、"呼伦贝尔草原"外，这本小说里的实体名词基本上都贡献给了西洋。但我并不打算在这一点上诟病《不失者》，因为那太容易放过小说本身呈现出的问题，反而是一种不会读中国小说，乃至一切小说的症状。毕竟，对于内容——或者更准确地说——题材，与小说形式之间的关系，思考得复杂一点没有坏处，否则的话，无论授予勋章还是下判决，都会显得太轻易了些。

正像编者介绍的那样，《不失者》带有科幻、悬疑、侦探小说的风格，作者谨慎地构思了一个结构较为清晰及紧凑的故事，因此也就避免了"先锋"作品或"新"小说通常容易犯下的随意、粗率、不经大脑思考的毛病。在这个带几分神秘色彩的故事中，"我"发现自己的神经系统被一个庞大的"组织"所控制，成了牟利的工具。这个"组织"控制人的方式是让他失忆，不是简单地忘记全部过去，而是保留经验——一切生活、阅读、对客观物的经验，仅仅切除跟个人存在有关的记忆，以便为他们重复利用。也就是说，虽然"我"看起来是一个完整的人，具备各种生活能力，但根本不知道自己有什么样的过去，"我"的经验和个人生活之间是脱节的。这一层意思并不难理解，现代社会使我们每个人的经验值都日益膨胀，而个人生活却越来越不值一提。一方面是经验和信息的不断更新，另一方面是在特定的社会机器部件中被循环利用，在这个意义上我们没有回忆，组织不起回忆，而"回忆正是让人感觉失落的根源"，所以"我"成了不失者——没有什么可以失去的人，当然也难以真的获得什么，这部小说的主题是寻找自我。

寻找自我这个古老的话题，在历史演变中不断地增添新的意蕴。当代都市生活中的复杂性在于，可以投射自我的物质越来越多，首先消费行为就是以个体为对象的，似乎能带来个人特征，然而消费最终是要将人归入事先组织好的逻辑中，并不能生产出真正的个性和风格。此外，现代社会的高度官僚化、科层化与高科技的专业分工结合在一起，使得社会分支结构越来越多，原本人们打算用来便利生活的种种途径，反而形成了新的"迷宫"。"迷宫"是《不失者》最重要的意象之一，"我"在迷宫中杀死怪物——象征着另外一个难以控制的自我，才得以重返现实社会，但最终又脱离不了现实社会的桎梏。人们在各种各样的现代"迷宫"中找不到属于自己的完整统一的个人生活，又不知道该由谁来负责。所以在古代世界的"去魅"之后，出现了现代世界的重新神秘化，"迷宫化"。一方面是个体的分散、离心、彼此间隔，另一方面，迷失感又使人们想象出有一个庞大的，不可触及的专制"组织",在背后操纵这一切,制造罪恶,就像我们在许多好莱坞电影中看到的那样。小说对"组织"的刻画略显薄弱,或者说那本身就无从刻画,因为我们最终没有办法尽情解释自我的迷失。《不失者》中的"我"不喜欢依赖高科技,也不喜欢沿着庞大的社会机构朝高处攀爬,(那正是现代"理性"的逻辑)所以才有了体悟这一切的机会。

阅读这样一本新出版的小说,不仅让人思考写作在今天到底还意味着什么,下一批小说家会打哪儿来,还是就此消失在茫茫的"卡罗尔宇宙"中。孔亚雷在后记中说他想要"对个体主义做一次小小的、很可能根本无用的最终辩护"。而"个体主义"近二十年来显然已经成为一个被过度使用的名词,如果不能描绘今天运用个体主义的态度,是要来重新针对什么,争夺什么,反抗什么,那么个体主义很可能只会被"组织"利用,而使人丧失掉真正的个体性。我理解作者是要用这本小说来表达出这些困惑,因为无论如何小说产自个人,又最终生产出无数的个人阅读,那么让我们期待着在澄清"个体主义"意义的旅程中,下一站再遇到小说吧。

华语、电影和一种共时表达

机械复制时代的来临对于整个华语世界来说,一百年太短,朝朝暮暮的记忆尚且鲜活。电影从"西洋镜"的时代一路看过来,从来就是把从事电影业者一并看作镜中人。《光影言语——当代华语片导演访谈录》一书作者所访谈的华语片导演,不单是电影制作人,他们人人都是那片光影天地的重要组成部分。作者称张艺谋是"中国少有的一位追随者之众,可与他的明星演员巩俐、章子怡相匹敌的电影导演"。然而对所有这二十位导演,没有一位影迷观众不愿意称自己为他们的追随者吧,实在他们拍出电影给我们看,他们也用看"我们"来拍电影,我们在电影镜像中看到中国人的"自我"这一个世纪以来是怎样炼成的,怎能不赶着看个究竟?所以,《当代华语片访谈录》不是一部纯学术研究著作,也不是向西方市场贩卖中国景色的"知识中介店",而是适合所有华语地区观众现场阅读的一本佳作。

这本书的好处从选题和结构上就已经看得很清楚,作者挑选的访谈对象是大陆、台湾和香港当代最好的电影导演,针对他们每一位都有经过精心设计的，侧重不同的问题。读者能看到熟悉的陈凯歌、张艺谋、侯孝贤、李安、关锦鹏等导演全面讲述他们的光影历程，也能了解李杨、陈果、张作骥这些早就挑起了我们好奇心的电影人。不管主流还是地下，冲出去的还是杀回来的，他们同样交出了优秀的作品，给有幸观之的人提供欣赏与思考的契机，即使是"商业／艺术"这样基本的标签也不能完全有效地区分他们。尽管风格迥异，二十位导演无一例外具有很强的当下性，无论属于台湾新电影，香港新浪潮，还是大陆第五代，细究起来，他们的电影都反复着当代生活的某些句段篇章。当然，将中国大陆、台湾和香港的电影业分为三部分叙述，作者首先需要清晰地勾勒出三地的影业现状以及面临的问题。中国内地的第五代导演，以历史的伤痕作为前驱动力，而自第六代导演开始必须面对新的社会现实，从贾樟柯、王小帅的谈话中看出，他们的重负一点也不比他们的前辈少，却并不能享受多少超越感。禁锢感十足的现实，与大陆导演已经取得的各方面成功，和某种程度上的"轰动"效应，形成令人难堪的对照。对台湾来说，作者电影的盛行，知名导演日益知识分子化，与岛内实际市场和大众观感有所脱节，而李安、杨德昌等导演在海外获得成功的作品，虽然常常从本土人性主题出发，却已相当程度地接近了普遍化的哲学、生命思考。与之相比，香港电影在商业化和艺术之间较好地把握着平衡，然而除了草根化的世态表达，以及旧有的武打、喜剧题材的卖座以外，香港电影还能贡献出怎样包含更大视角的作品？回归前后香港影人创作出的一批电影部分地说明了这个问题。由此，并置三地导演心路历程，不仅更能凸显华语电影在各个角度、面向上的不均衡，也在彼此互参中寻找思索突破的可能。

不过，让三地的光影世界接壤，本书的诉求并不仅止于全面展示和平行比较，最重要的，是终于使得华语电影获得了共时态的讨论，这恐怕在乎"言语"的关键性了。求同，抑或存异，华语世界的表达基于什么样的基础？当作者提问香港著名导演许鞍华，她有否考虑过做电影以外的工作时，许鞍华回答说，"我的中文从来无法像我希望的那么好，但是当我以英文书写时，我仍会感觉那不是我的语言。我选择电影在于它是门不单凭借语言的艺术。"一种理想的华语表达是否已经形成，这本身还是一个难以回答的问题，考虑到语言与族裔、性别、代际等等身份认同息息相关，即使中国大陆内部，历史几经沧桑更迭，言语纷杂扰乱久矣。而影像的流通是否已经形成新的表达介质，三地导演在访谈中均给出各自的理解。

值得关注的问题是，当下全球一体化势不可挡，华语世界该如何界定文化认同的边际？这是当代影像表达所遇到的最深刻的问题之一。电影首先提供给我们的是新鲜动人的形象，譬如同样对一个年轻人形象的刻画，扒手小武，牯岭街的少年，香港制造的中秋，彼此有无关联，他们放在一起时又构成了怎样的总体形象？在所有导演访谈和电影解读的背后，作者强调一个"跨地区华语电影"的视野。而对于读者来说，习惯了以往的文化史、艺术史将三个地区分割成三种时间状态看待，在这本书里能够"跨地区"地赏读华语电影，的确让人更为流连忘返。更何况，全球化的今天，在一体化的意义上进行跨地区合作，已经不是什么困难的事情，然而正因如此，华语片在互参之中显示出的磨合、砥砺、冲突中的美学探索才显得难能可贵。三地的导演曾经走过各自的艰难时日，这些苦心经营摸索而成的电影，最糟的结果莫过于将之归并在一条印证西方电影工业模式的道路中。蔡明亮说，"看以前的电影，你真的看得到编剧、看得到演员、看得到布景，而现在你什么都看不到，只看到钱。"而即使是商业运作，各地区的差异仍然渗透其中，无法简单化约，正如李安曾经这样评论大陆观众，"现在他们正迎头赶上，拥有自成一格的商业化，但我对他们仍十分生疏。"从某种程度上讲，这种生疏恰好是"光影"与"言语"交错之际，有着不同探索，不同问题意识，机缘际会而各展人格魅力的华语导演立足之本，也是交流、表达和跨越的真正动力所在。

我村上，你莫言

诺贝尔文学奖揭晓前的几天，据诸多媒体描述，得奖仿佛成了村上春树和莫言两个人的博弈，事情其实并非如此，但在小说迷的心目中，世界文学的轮盘赌局上只剩了憨憨地笑着的莫言，和拿着罐可乐、看不出多少表情的村上。这两个人都对写小说如此认真，如果你也认真对待这码事儿的话，确乎是一个两难的选择。

等到结果出来以后，大家似乎都不提村上春树了，毕竟他已在中国热了很久，当初那批粉丝现在都步入怀旧的年龄段，更何况日本已经得过好几个名正言顺的诺贝尔文学奖了。不过回过头来看看，中国和日本当代最好的作家忽然面临竞争的局面，这本身就很有意思，而且可以说，或早或晚都会发生。如果我们把中国文学和日本文学放到更为开阔的亚洲语境中考察，那么两位作家的较量所引发的心灵骚动（对读者大众而言），其实是一件很有希望的事。毕竟，从一个西方人笼统的角度来看，无论是那枚透明的红萝卜，还是寻羊的冒险记，都是要讲述关于神秘古老东方世界的一点什么东西，而这两个亚洲国家当下扮演的角色却又如此重要：一个以庞大的体量和独特的现代化方式参与并影响世界格局，另一个则让世界人民提前见识了某种现代性文化的终极未来，如此看来，他们又是"当下性"特别发达的叙事文学的产地。所以，诺贝尔奖在第一时刻所点燃的，竟然不是文学话题，而是社会话题，甚至压根没有读过这两位作家作品的人，也可以凭借某种社会政治经验与氛围来评价他们，将他们的差异归结为城市与乡村、中产阶级问题，甚或社会制度与个人政见，种种奇特的评价纷至沓来。

就以城市与乡村的讲法为例，几年前在一次本土的文学颁奖活动上见到莫言，轮到他发言时，他指了指坐在身边的格非说："无论我写什么都被认为是农村题材作家，而他无论写什么都被认为是城市题材作家！"所谓城乡区分的角度，其实更多的是我们读者从中感应到了自己的阅读趣味而已。实际上，除非你把日本整个想象成一座超级城市，而把中国整个想象成乡村——这个乡村还是需要"幻觉现实主义"去拯救的。今天中国的城市化程度已经达到百分之六十以上，而活在当代的每一个中国人都知道，我们的城市背后就是乡村，城市的腹地中也充满了乡村，虽然城市化正在逐步吞没完整的乡村世界，但是家园拆光了失却了，人的内心生活却并没有发生多大改变，这才是值得担忧的。

设想一下，如果现在是上世纪八十年代，我们一定还会为莫言作品中体现出的酒神精神、汉语狂欢等特点欢呼，而现在，文化阐释的环境已经发生了很大的变化，先锋文学背后那点消极自由和普遍性的道道，再拿出来说一遍是否很成问题；同样，也许就在莫言获奖的那一时刻，我们发现"第三世界民族寓言"的分析方法也已经不大够用，最炫民族风能比得上江南Style吗？人们对于莫言获奖的兴奋里多少带着一点迷惘，站在东方、亚洲、中国、高密的莫言，在什么意义上成为了我们民族最好的作家，而在他获奖以后呢？

当村上春树站到莫言边上，也许有了回答这个问题的可能。一厢情愿地把村上想象成反体制的斗士很可笑，他的小说翻译成英语后在西方颇有市场，也不完全能用普遍人性之类话语来解释。而我确实觉得，村上的作品展现出一种独特的个人化写作，这里所说的个人化写作，并非上世纪九十年代以后出现在中国的那种自我膨胀兼暴露狂式的东西，一地鸡毛的私人生活、下半身拜物教等等，也不是迫害狂想与流亡力比多的大爆发，而是在一种心灵开放的状态下，写出具备内在自足和自信的小说，发展出一种从容不迫地看待自己和世界的眼光，这眼光属于每一个普通人，男性女性，上班族，流浪汉，小清新……这才是村上的迷人之处。村上的小说体现出一种亚洲民族写作的成熟和尊严感,甚至和他的前几辈日本作家都不同,他在爱情小说和幻想领域描述死亡与生的绝望,不是一只只红灯笼般一定要挂出去才行的东方风情,而是真正亚洲人现代社会的心灵处境,在漫长的二十世纪历史中,这是非常不容易才能建立起来的心灵处境。

于是问题会变得很大:一种现代的亚洲的叙事可能吗,中国作家在无论如何都要开展下去的现代生活面前,如何建立起新的写作角度?从新时期走过来的作家里,莫言一直是出色的一个,尤其是那些充满激情又切中肯綮的社会主题写照,击败了新时期文学中伤痕累累孱弱不堪的、纸糊出来的个人形象,莫言的笔下是整个民族群像和集体激情的方式,他的人物在某种程度上仍然延续鲁迅的国民性主题,他征用了大量的共同体生活的资源,那些讽刺、俗谚、厚黑、生存之道和渺茫的理想,不需要写地址就能抵达我们共同的生活,十分精彩,但也诉说着一种似乎很难摆脱的命运和焦虑。在我看来,随着现代生活席卷今后的几代人,这种写作方式必然要得到更新,我们朦朦胧胧称之为"城市写作"的东西,实际上首先是一种个人写作的品格,可以参照的是一个作家完整的内心世界,他的职业写作与日常生活方式的关系。就像我们在村上春树的小说读到的,完全属于他自己的世界,虽然展现了脆弱、疏离、异化等现代体验,却又如此稳定和强大,怎么也不会崩溃似的,这是一种具备存在尊严感和文化自信的写作起点。

在这个意义上,希望诺贝尔文学奖对中国作家来说,是一个真正的开始。

最残酷的事

从天鹅湖到里约

近日接连看了两部动画电影，1979年日本东映公司出品的《天鹅湖》，以及《里约大冒险》。前者是上影厂的经典配音版，初夏夜里专门赶去新光电影院的，基本上都属于狂热的怀旧分子。而《里约》无疑是当下动画大片的典型作品，3D效果、明星配音、精心制作的原声歌曲，一个都不少，平心而论，是部好看的电影。

从柴可夫斯基深情款款的旋律听到热辣辣的桑巴，跨度大约有150年。天鹅湖流淌在资本与帝国的年代，野心勃勃的浮士德式的十九世纪，虽然是遥远国度王子与公主的故事，激动的却是城市中产阶级。当王子毅然将世袭王冠扔在地上，转身追寻神秘莫测的少女，爱情和冒险精神点燃内心能量，终于破除（自然的）魔咒而改变世界。这一切都意味着人是世界的中心。波光粼粼的湖面上，变形的公主即使以天鹅的外形也能让王子爱上她，因为躯壳里有着不灭的人的灵魂，与十八、十九世纪流行的所有的童话故事一样，看着听着，人文主义的美好气息扑面而来。回忆起无数神话传说里，我们的祖先通过一个个变形故事，一遍又一遍地自我审视，确定我们和自然界其他有呼吸的生物之间的区别。无论是青蛙还是王子，美女还是野兽，恢复人形和人性是最重要的。在此期间，我们也逐渐按照人的眼光和审美观，将动物世界分成三六九等。巫师罗德巴尔对天鹅公主说：我本来可以把你变成癞蛤蟆或毛毛虫，而我却把你变成了天鹅！

几百年来天鹅湖的故事常演不衰，天鹅羽色的黑白之分更是对应了人性中的善恶分裂，人们眼中天鹅的优雅与沉静达成这类水鸟的符号涵义，在这方面它们享有殊荣。《里约大冒险》也是以鸟类为主角，过去是白天鹅起飞时惆怅的泪水，现在是雌鹦鹉 Jewel 的柔媚眼线，都能帮助观众尽快理解她们的"个性"，动画是释放我们对动物的想象力的最好形式了。整部电影从头至尾贯穿着欢乐、抒情、罗曼蒂克的气氛，紧张而热烈。然而对一个现代观众来说，处于历史终结"惘惘的威胁"中的我们，在越来越奔放的歌声、越来越频繁的插科打诨与寻欢作乐中，却摆脱不了梦幻故事中透露出的某种哀恸。小蓝金刚鹦鹉 Blue 的冒险，是从热带雨林里漫天的捕鸟网开始的，Blue 长期受人豢养，甚至连飞都不会了，尽管电影将他和主人间的关系尽力表现得温情与诙谐，但这并非重点，更何况，与走兽相比，飞禽作为宠物总显得更别扭了一点。

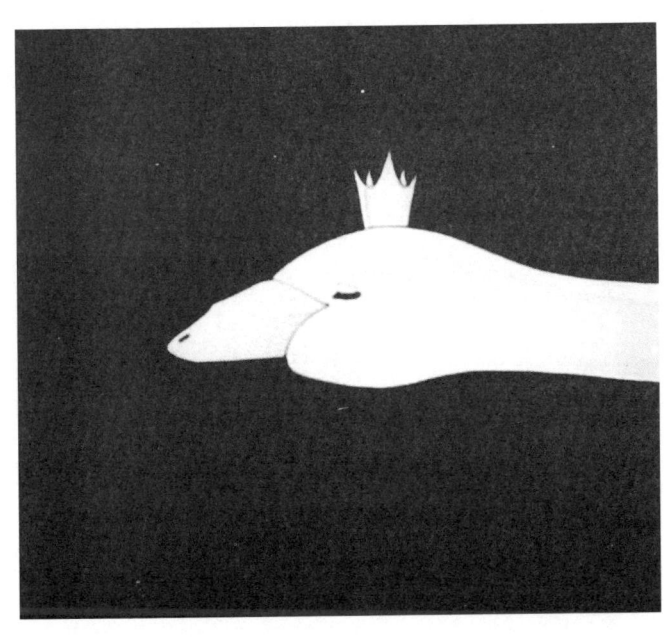

日本东映公司出品的电影《天鹅湖》

在电影中，Blue 需要和 Jewel 一起繁衍后代，延续物种，这个"使命"是人类意识到鹦鹉种族即将灭绝后下达给它们的。当人文主义的呼唤成真，世界毫无疑问地成为人的舞台之后，人们对大自然从敬畏心变为慈善心，以发展的名义破坏，再用科技的力量救赎，洞察生命的一切秘密以后，以自然的神秘力量为背景的童话已不复存在，但新的童话却产生了：人们运用自身的力量创造物种和它们的生活模式。新童话的主角变成了陆地和海洋中的其他生物，它们不再是我们的图腾，作为被现代知识最早祛魅的对象，它们已不可能成为人在自然中的神秘"他者"，反过来，它们只有在我们所赋予的意义中，才能获得生存的合法性。好在我们还不乏讲爱情故事的冲动和涂饰现实的童话情结，《里约》就是这样一部新童话的代表。

当 Blue 跳下飞机努力挣开翅膀，影迷都热泪盈眶了，新童话的梦幻色彩也达到了最高峰，这个梦幻的内在逻辑是：一只鸟会飞了！我们因此而十分感动。对一只会计算动力学公式的聪明鹦鹉来说，飞翔，并不是"人性"，而恰恰是脱去人性，回归"物种的天赋"。在"天赋人权"深入人心之后，我们经历了"寂静的春天"，一部分人不得不开始考虑"天赋兽权"的问题。雷切尔·卡森在数十年前说，"'控制自然'这个词是一个妄自尊大的想象产物，是当生物学和哲学还处于低级幼稚阶段时的产物。"然而新童话最重要的组成部分还是人类的智慧与"控制"要求，并且已经成为这个世界唯一的"普遍性"哲学。但是，现实毕竟没有童话那般美好，在哪个年代都一样。在现实中，小型蓝金刚鹦鹉已经宣告野外灭绝，曾经真实进行过的最后几对配种尝试，也因为各种失误，以及偷捕者的疯狂而基本宣告失败。千万不要把 Blue 的振翅一飞解读为过去常见的野生动物故事主题——放弃安逸，选择自由。问题在于，世界变成一张巨大的知识与数据网络，自由的程序与内涵也需要重新编写，人们不得不开发运用更多的技术去编织新的生存模式，同时也抵押更多不可知的未来。这或许是"控制"和"保护"的双人舞，我们终究搞不清那翩翩起舞的，究竟是白天鹅还是黑天鹅？

《里约》的结局有一个巨大的跳跃，Blue 与主人重逢后，一个蒙太奇就将场景转换为他和 Jewel 双双飞向大自然，而作为主人的琳达会怎么想，之前的一系列努力都是为了让宠物鹦鹉重回她的生活，她怎能轻易就放 Blue 走？我们依据通俗情节剧的规律而预期的煽情桥段，电影里并没有出现。也许这正是一个属于二十一世纪的简洁表达，鸟儿一旦展翅，当然要飞向天空。观众在最后部分又重新获得了一种常识，虽然显得有点硬，但毕竟比王子和公主从此幸福地生活在一起要让人安心多了。

不祥之镜

看完《黑镜》第一季以后,我有一个强烈的感觉,以后讲授艺术流派和思潮时,不再需要为"科幻""荒诞""象征派"等名词下任何死板的定义,因为我们时代的科技和人性的内涵,已经发展到足够撑满整个现实界和象征界。只需顺着前沿科学的逻辑继续盘算几步,再结合一点商业的兴奋剂,就能在我们生活的空气中嗅出构成这些故事的所有因子。这又一次证明了"无边的现实主义"理论并非一句废话。

被观众屡屡称为"神剧"的《黑镜》,究竟神在哪里?当然,它的叙事极有想象力,但这种想象并不指向"生活在别处"的刺激,相反,它是在某些经过特别强调的前提之下,重构了我们的现实生活,或者说,它以呈现某种特定的语境使生活的核心元素得到集中表述。所以,它不是什么起到末世警示作用的科幻剧,甚至也不算荒诞作品,所有曾经为艺术家们精心构造的审美心理介质都被它打败了,再也不用变身甲虫来批判资本主义什么的,我们就是活在这直截了当的粗鄙时代的半人半兽。

事实上，人们总是不愿意深思现实生活有多么荒唐、难以忍受，就像福克纳说的"苦熬"着。所以这些剧情乍一看都很难让人接受。你不愿意相信一国元首有一天会被迫和猪性交，而你心底还有很强的观看愿望；不愿相信达人秀是在诱人卖身，而无论怎么怒吼、反抗最终都被游戏规则所吸纳；不愿深思记忆和真相的关系，不知道一旦能记住所有东西，人离自身的真相不是越来越近，而是越来越远了。还有，你不愿相信所有高科技在为人类造福的同时，都或明或暗地挑战伦理底线。在"黑镜"的世界里，人只被视线可及范围内的一圈欲望牵引着，失去走出圈外的能力，失去自控力和选择的自由，所有人都生活在无穷无尽的镜子/屏幕/镜头之前，在观看和被看之际，寻找渺小或分裂的自我。所以"黑镜"也代表现代生活赖以流通信息的大众传媒，与这些媒介联系在一起的生活方式我们已经非常熟悉而且无法缺少。第一集里英国公主被绑架，官方封锁信息，互联网上却疯狂流传绑架视频，各种真假混杂的小道消息导致政府应对危机的方案一次次流产，绑架者的方案如此成功，是因为其中完整包含了可以预见的大众心理反应。第二集中的人们生活在四壁由液晶屏铸造的封闭房间里，体验虚拟人生、疯狂选秀、一夜成名，在高度分工的社会中，依靠踩踏健身车一般平庸的工作，日复一日赚取数字分值（虚拟货币），肥胖加贫穷则是失败的标志，这样的人只能沦为清扫工以及娱乐程序里被射杀和虐待取乐的对象。两个互不相干的故事其实又有很多相似之处，在此，公平、自由、娱乐、艺术、道德观全都混为一谈，民意调查如同儿戏，人们完全被情绪所控制，在直观到难以忍受的画面，受到深度刺激后，才会改变看法。达人秀舞台下的观众同样没有任何决断可言，完全被三个评委所煽动，上一秒还在为台上女孩的清纯歌声鼓掌，下一秒又欢呼鼓动她走向色情表演。最为讽刺的是，在女孩的命运被娱乐工业机器所捕获之时，明星女评委还流下了激动而感伤的泪水。

从启蒙到存在主义，自我选择与主体存在的链接关系一路走来，走进文化工业，链条彻底断裂，"勇气"和"个性"仅仅化为选秀节目中无可无不可，"just do it"的狂欢呼喊。高度视觉化的海量信息诉诸感官通道，使得我们每天都离不开黑镜，砸不碎的铁屋子，走不出的现代性牢笼，祛不尽又反复卷来的光影魅惑，传媒帝国的发布信息网成了人们定义自己的唯一话语方式。在拉康这里，镜像期是人类童年自我认同的途径，也意味着摆脱童年而走向成长的开始，但显然《黑镜》告诉我们现代人已经无法摆脱镜像依赖，悖论的是，这正是启蒙时代以来人类理性高度征服自然状态的后果。

在我看来，与前两集相比，《黑镜》第三集讨论的问题又进一步,使镜像依赖与人的记忆,即内在欲望相连。人都想记住和自己有关的一切,如果我们将自己的记忆场景储存在一张芯片上,植入体内,甚至不需要屏幕就能在眼睛里直接播放,是否就能掌握生活的所有细节和真相?像开发宇宙一样开发人的身体潜能,这是科学家的梦想之一。然而,纵使可以记录所有,遗忘就像黑洞一样难以逾越,所谓记忆器带来的"福利"造成滑稽透顶的一幕:夫妻在床上一边各自偷偷播放记忆器观看往日热恋情境,一边寡淡地延续现时早已失落的激情。剧中的丈夫极为依赖记忆重播,无论是不断回看找工作面试失败的画面,还是反复定格研究妻子与他人交往的眼神,等到妻子被迫交代了与他人通奸的事实后,他仍需要痛苦不堪地观看其中细节。最后妻子离开,他独自在空荡荡的房间内追溯往日美好回忆,终于难以忍受而动手割除了埋在身体里的记忆芯片。相处的真实感受和从记忆中提取的实像,究竟哪个更接近生活的真理?

当记忆变成芯片上的一档又一档文件,可以归类、复制、删除和共享时,每一种有关自我的知识似乎更加完备,剧中生产记忆芯片的开发商告诉众人,每个人的记忆其实是可以被引导的,可以人为制造和改变它。完全可以想象,当记忆被高度物化以后,我们的身体资源会被什么样的权力或文化资本征用,这本是生命政治学讨论的主题。但首先,所

美剧《黑镜》

有外部和内部的个人信息一次次由视觉而成像,在此过程中,生活之流被虚拟的投射一次次截断,个体信息在虚拟空间中虽丰富多彩,却同时也接近散失、禁锢和虚无。就像千万年传世的童话故事讲述的那样,我把灵魂抵押给了某样魔器,从蜂拥而至的大大小小屏幕、镜子中看到这世界有千百个栩栩如生的"我"存在,而我却再也做不了自己的主人。

禁闭，活还是不活

近日，有知名经济学家提出"守住底线"问题，意在为全社会的道德与文化失范问题再把一回脉，仿佛是全社会的道德文化就快要气绝了，仔细想想脊背发凉。其实，在当代史中我们多次与这样的判断相逢，只不过，纵使相逢应不识。早在九十年代，就有小说家点题了，"活着"——犹记当年对这二字箴言的兴奋，大部分人认为一种新的朴素唯物主义（非机械唯物主义）终于登场，奔走相告。今天回过头来看，活是活着了，而且越活越理直气壮，但与此同时，底线却成了问题。

所以，忽然在上海的小剧场里又看到萨特的《禁闭》上演，有点恍若隔世之感，好像一时之间，西方的二十世纪初与中国的二十世纪末同时回来了。虽然80、90后的年轻演员们给这出戏增加了一些无厘头调味品，但还是惹人怀旧。存在主义曾经在八十年代狠狠地影响了一把中国人，这段历史尚未灰飞烟灭，而有西方学者认为，存在主义本身，乃是西方世界最后一波基于人的主体性与能动性的严肃思考。当然，更多后现代的高明理论将很快从存在主义者的肩头飞奔过去，解构主义、知识考古学和去中心化的角度，与六十年代以后的时尚结合得更紧密，这让萨特那一代人多少显得有些笨拙。时至今日，我们不禁要问，还有比存在主义更过时的东西吗？

好在《禁闭》已经变成小剧场舞台上的形式经典，这部贯彻萨特存在主义理念的作品，原本实在是出大闷片：三个死后的鬼魂在地狱里回忆生前罪孽，最后发现所谓地狱刑罚不过就是让他们这样相处下去，互相折磨下去，直到永远。男人追逐有脑子的女同性恋者要求得到理解，女同性恋者追逐无脑女人，无脑女人则追逐男人。男主角本身具有作者的自况意味，他办和平主义报纸，临阵脱逃被人视为胆小鬼，他的最大苦恼在于不愿承认自己是胆小鬼，然而女同性恋者告诉他，人应该由他的行为来定义，他选择干什么，就意味着他是什么。

存在主义者的两大命题是界定自我与探索世界，当这两者融为一体的时候，结构主义式的焦虑症表现无遗：所谓自我由世界的坐标决定，这使得人的每一步都应该而且必然走得沉重，走得充满意味。萨特等人的亲共，不能不说是在行动、干预和改造的立场上发生的。不过，在今天人人都被化整为零的时代，"革命第二天""娜拉走后怎样"的问题并没有得到完善解决，且像个噩梦一样挥之不去，就连齐泽克这样的左派也强调，"只要思考，不要行动"，认为现在是到了重新思考怎样才能破解人类社会的制度难题的时候，此时此必须能坐得住。看了齐泽克对"占领华尔街"运动发表的讲话，我简直觉得他是被我们中国的自由主义大师胡适之先生附体了，现状就是这么错乱。

《禁闭》里的人物在"他人就是地狱"的逼迫下，将自己一生的具体行为一点一点地呈现出来，原本不可能吐露的每一个不堪的细节，都暴露无遗，成为一份抹杀不了的债务。问题是，我们能否相信自己的选择和行为的确具有很大的意义，以至于会跟随我们上天堂或下地狱。事实上在今天，一切主动的行为都在收缩，或者说，人们在尽量逃离主动选择的可能性，因为我们仅仅信奉"活着"，仅仅跟随能保障我们"活着"的最低限度的法权而动，无所作为的同时，也就意味着无所不为，这是存在主义早就研究过，然而已经罕有当代人理睬的命题。

下了地狱的鬼魂，不再能保持"活着"的状态，他们的自我审视让他们一生的行为逻辑展现出来，你不是你写过的书，也不是你说过的话，而是你做过的事。现在看来，这个命题比"他人就是地狱"更加虚无了，因为生存以及日常生活已经变成唯一的、压倒性的主题，挤压了地狱空间，排除了轮回的可能。哈姆雷特的提问"活着,还是不活?"作为一种极限状态下的思考,渺渺茫茫,关于底线的讨论也是一样,它看似逼近了极限,却又显得遥不可及。

外星人们,请回到地球的未来

有消息称,曾获得艾美奖的动画剧集《飞出个未来》即将于今年夏天"复活","飞迷"们欢呼雀跃,似乎终于等到风水转回来的一天。在这部被誉为有史以来"最贴近现实"的动画科幻长剧里,3000年的地球上生活着数量大致相等的人类、外星人、机器人,还有一群活在地下垃圾污水世界中的"底层"变形人,他们共同分享一个无与伦比的高科技地球。虽则如此,这个社会中所发生的却是人类由来已久的故事,高度商业化、官僚主义、战争、犯罪、失业、男权统治……失意的小人物、外星人和机器人因不堪忍受而排队进入全自动"自杀亭"。

由于《飞出个未来》讽刺、影射力度之强大,这部诞生于世纪之交的优秀作品,曾被福克斯公司数度砍掉未来,其播放也十分不规律。然而它毕竟坚持了六七年之久,直到二十一世纪的第二个十年来临,有"飞迷"惊呼,彼得·杰克逊担任制片的电影《第九区》其实跟它十分相像。如果小成本制作的"第九区"故事使人回味无穷,那么让非主流动画片继续讲述宇宙未来那些荒唐可笑的事，也应该不成问题了吧。

对中国观众，尤其是更年轻的一代观众来说，2009年末在电影院欣赏到的两部外星题材电影，《第九区》和《阿凡达》，不知道能不能成为他们记忆中的经典，就如同《星球大战》以及《星际迷航》给欧美那几代人留下不可磨灭的记忆一样。当然，对我们来说，与西方人同步分享"第九区"和潘多拉星球上发生的故事，不仅仅表示我们已经拿到了全球化游戏的入场券，更使我们获得了某种机会，以"中国经验"和我们自己的生活感受去印证、补充，抑或解构电影的叙述。所以，当有人指出这两部畅销电影都在讲同一个问题——暴力拆迁时，所有的中国同胞闻之不觉解颐了。

有关外星人的科幻电影可以怎么拍？曾经思考过这个问题的人不计其数，自从实现了登月梦想后，人类就开始孜孜不倦地虚拟外星人的故事，刻画外星人的形象。关于"世界之谜"的话题中与外星生命有关的占一大部分，也许是因为身处太空的孤独，以及从野兽那里得来的对异类的恐惧，从"第三类接触"到"异形""异种""异次元"，人类对外星人的想象大概可以归纳为，"他们和我们不同，比我们丑陋，但比我们有力，也比我们贪婪。"所以，外星人的存在一方面是考验人类的生存能力，谁战胜了邪恶的外星人，谁就能成为解放全人类的领袖,电影《独立日》把美国的国庆和美国人打败外星侵略者之日合二为一,堪称1990年代最后的神话。另一方面,外星人也促使人类进一步认识自身,让我们知道维持体面的人性有多重要,美国学者尼古拉斯·米尔佐夫在一本谈论视觉文化的书里称,"异形"那"湿漉漉的,滴着涎水的口腔"喻示着男性在看到女性生殖器时引发被"牙齿状的阴道"阉割的恐惧。

不过,自从跨越了不足称道的千禧虫后,科技升华,历史终结,人类大有从孤独进化为独孤求败之势,无论是文明、科技和欲望的进展,都似乎已具备充当宇宙带头大哥的自信。如果人类在某些普世的追求上达到高度一致,那么,伴随着有限的资源被过量消耗,地球的宜居程度降低,领土扩张与种族隔离这类属于十八与十九世纪的主题,莫非将在二十一世纪的外太空被重讲一遍?而传说中的外星人莫非就是我们自己?《飞出个未来》里的人类比外星人和机器人都拥有更多的主动权,社会规则仍由人类制定,而人类世界的荒谬则更多地由外星人、机器人和变形人承担,该作品全部奇特的想象力来源于:人类的荒唐之处需要由一些"他者"来表现。于是,从未与我们谋面的外星人们,他们在未来的世界中进入了我们自己的历史。

文化左派们总是津津乐道于电影《银翼杀手》里,机器人奴隶对人类深沉而又含糊的控诉。然而纵观影史，人类从来不曾在像《阿凡达》这样大众化的商业电影中，扮演如此鲜明的坏蛋角色。纵使以一种众所周知的套路拯救了潘多拉星球的，仍然是一小撮地球英雄，毕竟瘫痪的地球英雄还需要得到一个纳美人的肉身，而恰恰是那双残腿为他的最终"变身"带来了人道主义的合理性，难道不是吗？有趣的是，《第九区》中的拆迁小头目也是通过身体上的变化才体悟到，"大虾"的生存是真实的。两部电影都承认遭受人类压迫的外星人具有某种不自知的"资本"，或者是矫健的身体，或者是先进的武器，或者是优良的矿藏，总之是人类所渴念、缺少，或正在耗尽的东西。直接把这些外星故事中新的异形们说成是马克思笔下的无产者，恐怕还是有些一厢情愿吧，但至少人类对自身的某种恐慌感和犹豫不决的自我警惕，正伴随着极度的自我膨胀一起在电影中发生。在这种状况下，外星人的故事总要换一种讲法，虽然它可能是更深刻地嵌入了我们的镜像之中。

戴上沉重的3D眼镜，"阿凡达"在观众眼前犹如一场化装舞会，《第九区》则恰好相反，它有一个纪录片式的开头，看上去有点像典型的低成本电影玩弄的噱头，但摆一摆它的剧情，你会发现这是一个奇幻不可名状的故事。有人把这个故事和卡夫卡的《变形记》作比，也有人联想起柯南伯格的《苍蝇》。然而它从头到尾保持了纪录片风格和低调的镜头,把观众的奇幻感压抑到了低点。《第九区》并不像一般的外星电影那样着意制造梦幻,它不是梦,并非幻——它就在非洲贫民窟拍摄,至今还遭受尼日利亚的抗议——所以不需要格外去关注它的逻辑漏洞,它所彰显的就是作者不加掩盖的叙述意图,有这么平淡的外星人电影吗?是的,这个故事就该这么讲才好。这个世界上发生的一切都很正常,也很偶然,不值得渲染,像我们真实的生活一般平静和残酷。但它也有其渲染之处:"大虾"父子那段关于回家的对话,"小虾"对"有七个月亮"的"Home"的向往,让所有的科幻电影迷们想到《E.T.》中的经典场面。《E.T.》那温情脉脉的色彩在《第九区》中成了一种辛酸的上文,它提示我们关于外星人的故事已经走完了一个轮回,从此以后,再没有一种来自外太空的怪诞能吓倒我们了。

没有升华的"9·11"

突然之间,关于"9·11"的纪念活动与新闻铺天盖地般来了,那个令世界窒息的时刻已倏忽十年。

十年来,这个世界并没有机会舒缓,时间也绝对没有抚平创痛,机械复制时代的人们懂得一切都有可能重来,不是在梦中,就是在某一个白天。为了纪念死者,纽约爱乐乐团特地举行专场音乐会演奏马勒第二交响曲。此时此刻,马勒是极佳的选择,他的《第二(复活)交响曲》在理性自由和宗教寄托之间有着极好的分寸感,既有宽厚神秘的天悯之情,又鼓励人运用自己的理性去理解生与死的关联——"展开我已获得的自己的翅膀"。在马勒作曲的那些年,人类正处于雄心壮志的展开部,追求自我发展又不脱离灵魂归属,堪称启蒙以后黄金时代的经典作品。与贝多芬第九相似,马勒第二又长又痛苦,最终走向灵魂的升华与飞跃,当最后一个乐章中两位女高音合唱出"向死而生"的歌词时,后"9·11"时代长久的压抑感仿佛自乐曲内喷涌而出,从乐手们的表情中也可以体验到这一点。不由让人感慨,和十九世纪的人们相比，处于景观社会的我们能清晰地看到自己的巨大创伤，却很难表达。

1894年的作曲家已经预示到烂熟的现代文明中包含着的危机，漫长的二十世纪即将到来。在睿智而具有反讽意味的第三乐章里，马勒引用了圣安东尼修士对鱼儿说教的故事，圣安东尼对鱼儿布道，企图使其戒去贪欲，鱼儿们听得认真愉快，过后却照旧贪婪争食。现代性本身包含了一种"超级现代时间"式的布道，核心精神是在每一个"现在"的事件与时刻积聚意义，而随着"未来必胜"的理念，每一次聚集起来的意义实际上很快就耗散了，正如一位法国学者在他的著作中所追问的，"什么是让未来致胜理念达到巅峰的社会历史力量？"即使政治-经济灾难性的失败或灾难本身，也没有阻止"未来的新衣"。超级现代时间一往无前，只有反复发作却没有轮回报应，一个个以数字命名的纪念日只能提醒我们已经遗忘了多久。而在人们的感性世界里，不断生成、堆积着大量的昔日记忆，试图从现代时间单向管道的缝隙里，重返人们的心灵和意识，艺术曾经是最好的追忆与思索流年岁月的方式。

然而悲哀的是，除了借用交响曲中的经典作品来表达哀思以外，和"9·11"相关的艺术作品实在是少之又少，无论从数量上还是质量上都不能同二战或越战后产生的作品相比。

在纽约现代艺术博物馆举行的纪念"9·11"艺术展上,大部分作品的分量都远远及不上这场事件本身带来的冲击力,没有《格尔尼卡》那样的直面现场,也没有《现代启示录》那样的反思现实。诚然,这是一场突如其来的袭击,并不像战争那样有充足的环境让人调整应对的心理。但更重要的是,无论是美国人,还是全世界,对"9·11"的理解仍暧昧难名,这三千多名死者的幽魂,依旧漂浮在现代世界的理性和逻辑以外,得不到超度。文艺上的荒芜与苍白,正说明整个事件如同一部让人头晕目眩的灾难片,有令人震惊的视听场面,而感官都趴下了,精神世界还是关闭着的。

细数古往今来人类历史上的重大灾难,几乎每一次都获得了升华,无论是对人性的追索,还是历史潮流的研究与分析。然而在纪念日倾听马勒,总还有一种淡淡的不安萦绕心头,乐曲的升华部分越是强烈,越是比照出此时此刻的黯淡与平庸,似乎是一种不祥的预言:二十一世纪会是个什么样的,既具备超稳定结构,同时又超级缺乏安全感的世纪?

不过,拥有高科技手段的人类岂甘坐拥愁城?纽约人急于用最快速的方式填平伤痛——在世贸原址建造1、2、3、4幢更高的摩天大楼——仔细想想,除了这个偏执而疯狂的方案外,现代生活中还有没有别的"可替代的方案",而除了工程师和政客之外,又有谁来提供另外的方案呢?摩天楼已经是一切的出发点和最终的归属，现代社会拜物教的不坏金刚，再想越过这四幢超级摩天楼获得抒情和升华，有多么难。参加纽约艺术展的唯一一位中国艺术家徐冰说，他感觉世贸双子楼是毁于能量的失衡，"自身聚集了太多不正常的能量，被自身能量所摧毁"，因此终于要"归于尘土"。不由想起十年前，有不少学者曾经做出期待和预言："9·11"将改变世界的格局，甚至产生一种新的哲学。然而当四幢摩天楼再度拔地而起时，不是一切坚固的东西烟消云散，而是一切尘埃都被固定成历史终结处的墓碑。

在景观社会和传媒社会中，"9·11"的杀伤力被无限扩散和放大，我们通过自己的眼睛，差不多同时看见和经历了这场灾难，甚至有人称之为行为艺术，它巨大的展示作用难以想象——却真实发生了。"9·11"对全人类的展示，背后综合了全球政治、经济、种族、文化的矛盾，而这些宏大的词语在那一时刻惊心动魄的惨状中，化成了个体生命的惊悚和苦难。对中国人来说，我们早已不能像当年《编辑部的故事》里的牛大姐那么牛气，说一句："扫把星掉下来自然会砸在资本主义国家的，我们不用怕！"早已不是旁观者的我们，小心翼翼地维护好日常生活，只为了等待有一天未知噩梦的来临。

对德里达生气

批判主流生活方式的学院反对派还能走多远？尤其是在城市化问题上，终日享受着城市生活之便利与美好的精英们，在专业分工的辖制之下学术产出越来越多，实际说出的话却越来越少，在后现代理论与粗俗经济决定论的平行跑道之外，这本《死城》的作者突然喊了一嗓子："城市快死了，不需要德里达来告诉我们全球为什么变暖，浮冰为什么消失！"

凭什么这么说呢？如果被地质学家告知，维持一座人口爆炸的大城市所消耗掉的能量，相当于构建一枚小行星的初级结构之所需，是否能使我们爱好城市生活的心灵受到触动？从十九世纪晚期开始，人类掌控下的各种能源大部分被用于城市建设和维护，对哈代的《还乡》里徘徊在艾顿荒原的游魂来说，巴黎的繁华抑或纷扰，终究会点燃乡土社会的躁动。几千年来人力和畜力首要投入的农业，无论如何引发感伤、怀旧情绪，在城市面前必须退居次席。

这一点，黄土文明的子孙似乎更能感同身受，城市化带来的震惊与眩晕，城市背后——那些街道的尽头，那些辖区的边缘，在混乱、贫瘠、乡气景观的堆积中，在垃圾和沙尘暴的威胁下，不用转身就能看到、嗅到浓浓的乡愁。但我们还在努力驱赶自己来时的记忆，仿佛城市生活的阴暗面也是让我们摆脱童年经验、重获新生的电击疗法。

唯一励志的方式是寻找榜样，诸如洛杉矶、纽约似乎是大城市生活发达指数的尽头，未来生活的想象样板，因为他们已经被现代文明彻底改造成了"没有记忆的城市"。然而有些人却非要告诉我们，洛杉矶那片繁华的邦克山街区也是强拆的后果，对商业公司来说，一切原住民的记忆本身就是一种恐怖主义。污染、暴力、种族歧视……迈克·戴维斯像是一个神神叨叨的"城市负面效应"的全方位收集者。二十一世纪，替代启蒙百科全书的将是代价百科全书。

想反思现代性么？环境、生态大概是很容易说，也很容易白说了的议题，因为有"超级利益集团"的存在，也因为有你自己十分真实的生活习惯的存在。所以，把城市化和环境问题联系起来得出的结论，往往最现实，也最虚无。在这种气氛下，一个囊括了历史学、政治哲学、自然科学、城市社会学、规划学的写作结构是多么梦幻，将战争、环保、种族、气候乃至宇宙问题熔为一炉，"死城"的故事只能由强大的"文学性"来推动。

这样来讲述城市之殇，后现代理论家可能会认为过于实

昆明滇池边的污染物，摄于2017年8月

证,社会学者又会嫌过于跳跃。作者远离了学院派写作,又不服从于文化研究/批评学者那种拿着鸡毛当令箭的"微观抵抗"做派,干脆拿最老套的摆事实、讲道理的方法,告诉你西欧和美国的大城市中,曾经发生过的种族歧视和青少年抵抗运动有多剧烈,"9·11"造成的"恐惧经济学"如何大规模起效,甚至,第二次世界大战对城市的大轰炸却造成原始丛林植物的恢复性生长,这悖谬的现象里面有多少哲学和人类学的命题可以挖掘……如果愿意,从赤裸裸的现实通往学术研究的入口会越来越多,看了《死城》,接着想想吧。

批判者的通行证

好莱坞主旋律电影一直是秉持艺术"为人民大众服务"原则的,犹记得2000年那部誉满全球的《霹雳娇娃》,影院里抱着爆米花的观众想要看什么,创作者就提供什么,可算做到极致。在新世纪里,我们是否终于等来了不一样的娱乐片?虽然已经看过深作欣二的《大逃杀》,对青少年互相以生命搏击的故事有所体会,在所谓票房号召力和艺术深刻性的平衡之间,仍然对这部《饥饿游戏》抱有好奇心。

和《大逃杀》一样,《饥饿游戏》也有个书卷气十足的动机:北美洲在中央国会区大一统的统治下,边缘地区的反抗被镇压,并就此留下少年"贡品"的惩罚机制。电影刚开始那光线阴暗的森林与摇摇欲坠的矿工世界,女主角穷孩子早当家的坚毅眼神,随着情节发展渐渐转至国会区彻夜狂欢的电视观众——正如韦伯所说"专家没有灵魂、纵欲者没有心肝",这些都让人觉得这是一部打算批判权贵资本、集权、真人秀与庸众的黑色电影。然而猜到了前面却猜不中后头,一系列杀戮、打斗、高科技视觉大场面过后,结局逆转为:

少男少女的爱情感动了主持人,他以生命成全了两人,最后两人赢得了游戏,荣归故里,万众欢呼。稀里糊涂看到片尾字幕出来后这才算明白了,又被所谓批判的逻辑调戏了一把。

大概是巧合,开映之前恰好播放了某大牌奢侈品制作的新广告,正沐浴在香风熏雨、纸醉金迷之际,突然瞥见电影《去年在马里安巴》里的巴洛克宫殿场景,那些没有倒影的三角树丛迷宫,本来是收藏在我大脑里的经典艺术记忆区的,这下着实震惊了。不过,由黑白变为彩色,由天外梦幻变为眼前奢靡,商品的符号加之于阿伦·雷奈,似乎也没有感觉多么不和谐,甚至觉得比那些粗制滥造的糟糕创意要好得多。是的,你的知识、品性以及梦境,都会被运用来吸引另一部分人打开他的钱袋,这是资本的强大力量,无论什么小清新、非主流、新浪潮、旧回忆统统一网打尽。共产主义的伟大真理是不断革命,直至排除所有"杂质",而资本的逻辑是一切皆为我所用,在欲望的支点上能够攻城拔寨、撬动地球,就像卡波特的小说里站在蒂凡尼窗外吃早餐的穷交际花,纵有千般不是,还是它(百货公司)与我最亲。所以这输赢该怎么讲呢?

不过,再怎么样,我未曾见过《饥饿游戏》这样,将所谓深刻质疑与制造快感两项事业硬生生地勾连一处的,如果你跟它认真,说什么对社会人性黑暗面的揭露还不彻底之类的，那可就是输了。根本上，它就是在制造另外一种荷尔蒙，不需要人听口令一、二、三乖乖上路，而是让人叛逆反抗，从"不走寻常路"开始兴奋，甚至还预先交代给你一个大叙事，最后不过是要把你引向大和解。一开始以为自己看懂了这种表达的合法性前提：杀人游戏本身是一种虚拟叙述，是将某种现象推到极致的产物，在这个前提下展开想象、提出讽喻与批评。然而实际上这个虚构却被另一种虚构神奇地坐实，在产生出游戏胜利者的同时，电影前半部分抖出半截的批判包袱统统弃置不要了，于是那些大众的眼球经济与猎奇狂欢全都得到肯定，随之产生出的杀戮与血腥的场面也轻松得以消解了（反正真正的观众已宣泄满足了一把）。有分析说这部电影表现的重点"不是死掉23个人，而是24个人当中有一个能活"。所以，故事可以另起一行，变成那"单独一个"的成长励志篇，在她射杀猎物的飒爽英姿之下，不但家乡人民，甚至所有的粉丝和赞助商也成为合情合理的亲友团了。

我并不是要写文章来抓这部电影的漏洞，毕竟其中的漏洞已经多到让人懒得去抓——反而让它成了一则当代寓言：在这个漏洞百出的世界，批判何为，弱者能否说话？看《阿凡达》，觉出弱者得到表述就要付出被景观化和被消费的代价，而在《饥饿游戏》《贫民窟的百万富翁》，甚至《甄嬛传》这里，加点残酷调料的游戏规则，最终总能变成对个人奋斗的激励与肯定。但我时常怀疑,这些令人丧气的结局不是因为我们批评得不够造成的,而是我们批评得太多,太轻易。如上文所说,资本无孔不入的吸纳力,看起来很容易让人走向倦怠与虚无,然而事实恰好相反,展现在面前的场景是学术生产力反而大大地旺盛起来,无论东西方,以反市场为名,各种售卖模式积极地自我复制,以反体制为名,各种体制性的事业轰轰烈烈地开展。可以说,如果没有批判知识分子的参与,学院派绝不会如此繁荣昌盛,人们对于商品社会的精妙之处,也不会理解得那么透彻吧。

大概可以这样总结,我们时代的批判性话语首先失落了乌托邦想象,那已经被判定为是危险的事情;其次,批判者在学院化和专业化之后没有接地气的可能,只剩下彬彬有礼、清洁、精致和利己;还有,大概也是最重要的一点,找不到参与政治的恰当方式。然而无论如何,这股后现代知识之流是有力的,用各种新奇理路不断地讲述世界的荒诞,启蒙了无数的商业文化,将表现荒诞变成进一步制造荒诞的动力,还有什么比这个更黑色的效果呢?批评和批评的对象在某种程度上和平相处,共生共建,结构主义的世界为反抗之心预留了释放能量的渠道和空间,在这个时代,即使再深刻的批判也需要先领到一张通行证再说,最终是不是也只不过制造了一些饥饿的游戏呢?但愿这不是文化研究最终的答案。

我能想到最残酷的事

故事相当简单,一个孩子打了另一个孩子,两对父母决定协商解决此事。电影从朱迪·福斯特无比热诚的脸庞、克里斯多夫·瓦尔兹带点漫不经心的克制、约翰·赖利憨憨的好客微笑,以及凯特·温丝莱特的端庄优雅开始,我们有了百货商搭配业余作家,律师搭配投资经理人的两对夫妇。在79分钟的影片结束之前,看过无数表现中产阶级家庭危机的文艺作品的我们,已经早早猜到结局了:孩子已经和好,父母还在争吵。

电影改编自法国人的话剧,从新浪潮开始,那些压抑的中产阶级主妇频频出场,想想让娜·莫露或伊莎贝尔·于佩尔的脸就行了。换到美国人来原创,多数要搞些"美国美人"的噱头,再不然就是中年伍迪·艾伦式的喋喋不休,还真有人说,《杀戮》乍一看以为是伍迪·艾伦拍的,因为只看见两男两女车轱辘似的对话,而且所有的麻烦事最终都惘然戛然而止。

实际上罗曼·波兰斯基对这类作品也是驾轻就熟,摄于

1990年代的电影《死神与少女》就把三人居一室的故事讲得荡气回肠。《杀戮》中有限的空间一点也没让人乏味，导演选取的机位角度层次感十足，使得视觉叙事有种奇特的丰富性，尤其是逐渐推向高潮中的几段间隔部分，镜头从房间摇出去又拉回来，一次又一次的空隙制造的节奏感，仿佛也是在挑逗观众继续分泌升华剧情的想象力。加上四位实力派演员此起彼伏地放出精湛演技，没有一句对白、一个眼神，或者一个动作是浪费的，没有一个细节不是将这两组伴侣相处的重重迷障再微妙地揭开一角。让人简直要惊叹，它过于精致得就要不像电影了。

这样的作品用讽刺喜剧来分类大概是不会犯错误的，忍不住要比较，作者对里面四个男女的中的哪一个讽刺感最强。时刻注重自己仪表的科文夫人突然失态剧烈呕吐，全部吐在女主人朗斯特里夫人刻意显摆的珍版画册上；朗斯特里夫人强大的道德感，和科文先生利益优先的玩世不恭发生了剧烈冲突；朗斯特里先生虽然同样忍受不了自己的妻子"把对苏丹的正义感延伸到日常生活"，但也不能与科文先生达成一致，他显然觉得这位制药公司的坏良心律师鄙视他的事业，而他的母亲恰恰正在服用那种很有风险的药品；科文夫人对别人扔掉宠物仓鼠敏感到了就快声泪俱下的地步，对于丈夫的为虎作伥却毫无感觉，她的痛苦仅仅因为丈夫整天接听手机,老是关注他们生活以外的抽象"别处"。

不过,如果你觉得整部剧是在揭示人性的虚伪和极端之处最终会受到惩罚,那么还不如直接去看《七宗罪》好了。事实上,此时此刻作为中国观众,会在这部电影里看到一些我们正在努力赤脚奔跑和追赶的东西,例如人道主义与公共性,普遍性与普世追求问题……朗斯特里夫人觉得坐在她客厅里的这对夫妻无权教育自己的小孩,因为他们对人权缺乏认识,所以他们的孩子将来很有可能威胁公共安全。而她自己是典型的"追求卓越"者,她认为世界上应该有一种,而且仅有一种介于时尚和自我拯救之间的价值观,其中包含西方社会赖以维持社会认同的一切合法性,并且对文化和艺术的潜移默化作用深信不疑。这正是朗斯特里夫人希望引导其余三人解决问题的依据,因此,她不愿意简单接受道歉,一定要求打人的孩子对自己犯下的严重错误有自我——公共意识,为此她甚至急于要亲自来教育别人的孩子。

朗斯特里夫人化身为西方文明的公理,却因此遭到其他人的驳斥和顶撞,使得剧情多次发生转折。科文先生轻蔑地说,谁都会去挑一个大屠杀来研究一下,以达到道德上的自我救赎,并称朗斯特里夫人为"简·方达的亲密战友"。朗斯特里先生更是爆发出多年对老婆满口说教辞的不耐烦来。相比科文夫妇之间始终表现出的压抑与不和谐,朗斯特里夫妇的争执有些突如其来,却更令人绝望。朗斯特里夫人指责自己的丈夫固步自封、甘于平庸,她一边声嘶力竭地提醒丈夫另外半个世界正在受苦,一边无论如何也不接受科文先生所说的非洲人对"杀戮之神"的崇拜,西方文明的优越感是她能抓住的全部稻草,然而这种优越感又建立在某种悖谬的认识论基础之上:既对别的种族和人群充满排斥、短见,又对"他者"充满无限悲悯的道德义愤感。波兰斯基电影独有的阴冷滋味,以及导演对美国文化的暧昧态度,使得这个电影在法国人的幽默和洞察力以外,更兼以美国式世界主义重新调色,剧中出现的"世界公民""大门口的警卫"之喻因此而变得更有意味。

在这场冲突中,双方都竭力想维持住中产阶级的体面,表现自己的和平、理性,希望彬彬有礼地表达自己的愤懑,又苛求对方完全按照自己想要的方式处理问题。然而,在温情脉脉之下暴露出的中产阶级价值观却是混乱和充满歧义的,父母们感叹两个小贱孩的争吵把他们都拉下了水:孩子之间的争执究竟是不可容忍的暴力事件,还是"帮派""叛徒"造成的道义问题?孩子与父母,乃至夫妻之间是否共享同等的伦理观?在工具理性就要把我们带回到丛林时代之际,交往理性能否得到有效的重建?

剧中温丝莱特的表演让人想起《革命之路》,革命以后的"杀戮"似乎更让人心悸。朗斯特里先生在筋疲力尽之后举起酒杯感叹:"夫妻"是上帝给予我们的最残酷的考验!长相厮守,无处逃遁,婚姻家庭的超稳定结构放大了所有无解的问题,在我看来,关键在于有没有勇气揭示乏味、无聊的日常生活之下深不见底的黑洞,中产阶级家庭戏需要更深刻的"革命"理由。

这不是一件外套

看到本文的题目，请勿急着往后现代那儿想。展现在我们面前的彼得·布鲁克，的确简洁、先锋、生气贯注，不过，《情人的衣服》里的女主人公玛蒂尔达那条正红色的裙子，还是透出古典的魅影，尤其是当她铺开裙子，坐到那里，死去的时候。

也许每一则经得住现代派改编的故事，都是因为有某种人生的正色在里头支撑着，无论是发生在丹麦后宫还是樱桃园，或像菲勒蒙与玛蒂尔达的家庭轶事，再多表现，再多主义，头发乱了，剪辑错了，这还是一个旧时代的故事。男人的肤色，女人的性与内心压抑，贫穷、种族、性别的多重交织主题，是属于昔日左翼知识分子的大爱。今天站在学术前沿弄潮的人，早就不觉得三十个黑人共用一个厕所是"烟士披里纯"的来源了，在微观权力和暧昧抵抗的象牙塔中，有着后殖民、酷儿、景观等更加时髦的方式。

眼前这出剧中的悲伤、哭泣和歌唱，于是有了不少怀旧的意味，让人看着甚至有种莫名的伤感和不快，我们今天差不多已经忘记，过去的男人和女人们，曾有过那么实打实的抗争宿命之路。《情人的衣服》中的两种内容——社会境遇和家庭内景，比例调配得当，哪方面也不叫人悬着担忧太久。开放的舞台是导演的理念，连角色也开放给了演员，演员们不但互换角色，而且一边叙述故事一边表现人物，这样的表演特别需要举重若轻，松弛与自如，既出戏，又入戏。他们在表演中评价自己的表演，在客观讲述中掺入主观动机。

我们当然要关注那件一直悬挂在那里的外套，古今中外关于不忠的故事多如牛毛，而这件外套不啻集大成者，集大成者又必极简，它点亮了实质，如同演员竟能在舞台上点评角色，第三者脱掉的衣服竟能点评不忠行为。它真的不是一件外套，而是一个溜掉了所指的能指，在那电光石火的瞬间，成为永远悬置在那里的，无法解除的咒语。菲勒蒙的朋友劝他选择宽恕和遗忘，然而对于菲勒蒙来说，存在主义式的选择理性已经不可能了，只有将残忍的真相贯彻到底，沿着这一条噩运的逻辑中找到最终的答案，才能释放自己，所以，玛蒂尔达死去，而外套永生。

这个故事来自小说，首先是由文字表达出来。然而我想，甚至电影都无法把它传达得更好，因为它太适合戏剧了，适合彼得·布鲁克邀请台下的你和我，走上来与这套毛料衣服相处几分钟，感受它的存在。让我们记得，我们的爱与背叛的观念，可以执着地刺穿时间、历史和一切。

庄生晓梦迷蝴蝶

当我母亲初次在《星光大道》节目中看到李玉刚的表演时,作为红旗下成长的一代人,她无论如何也不能接受人民的大舞台上出现了这么个情况。但她并没有立即换频道,强烈的好奇心促使她一边大呼受不了,一边目不转睛,将观看进行到底了。在那一时刻,我简直怀疑消极自由是否真说得通。

2010年,不仅李玉刚将全球演唱会从北京开到了上海,而且"伪娘"们让全国人民欲换频道而不能。后现代语言学家告诉我们,对现象的命名往往决定了该现象的起源,所以实际上,是"伪娘"这个词从我们强大的媒体龙门阵中首先出品了。我对"伪"的说法也感到好奇,"伪君子""伪士"都是从"君子"和"士"的角度提出的,那么"伪娘"的命名之源在什么人身上呢?当我们欣赏阿莫多瓦的《关于我母亲的一切》、尼尔·乔丹的《哭泣的游戏》,或者皮尔斯的《男孩不哭》时,绝不会想到使用"伪"来形容其中的人物,因为他们都是如此真挚动人,赚人一掬同情之泪。仔细想想,原因可能在于，他们并不是由一个冷冰冰的词语领到你面前，而是都携带着各自的故事出场。这些故事的内涵太丰富了，以至于你无法轻易地将这些人物从故事的语境中抽离出来。要观看其人物形象的特异，也必须同时理解那些历史、那些人生氛围的真实之处。

这就是我们为什么永远需要"说故事的人"存在。美国的华裔剧作家黄哲伦，和许多作家一样，一生所写的作品差不多都在不断寻找，试图达到一个最完美的故事。只不过属于黄哲伦的这份追寻，和他的华裔身份强烈地联系着，他所要讲述的这个"元故事"，必须能表达他对"东方主义"的不满情绪、表达他在民族身份认同感上长久的焦虑。所以，可以想象，当他在报纸上发现了这则中国京剧演员与法国公使的传奇时，有多么兴奋。在构思之初，他问自己："布希科（剧中男主人公伽里玛的原型）认为他从这个中国女演员那里能得到什么东西呢？"就像多数长于思考的西方知识分子，他能找到的答案就是"他大概认为他已经找到了蝴蝶夫人吧！"有趣的是，"蝴蝶"已经成为了拜倒在西方人脚下的黄种女人的代名词。非常清楚所谓"蝴蝶夫人"模式含义的黄哲伦，当时却连普契尼这出歌剧的基本内容都不了解。黄哲伦的野心在于，用这个牵涉到"性别"和"政治权力"的真相的故事，来颠覆"蝴蝶夫人"背后白种人对东方人的

"性别"定位：和法国公使伽里玛相爱了好多年的翩翩"蝴蝶"宋丽玲小姐，不但是个男人，还是个间谍！这个故事多么"解构"啊。

《蝴蝶君》一书的中文首译者告诉我，对书名他沿用了一贯的译法——"蝴蝶君"三字来自1993年大卫·柯南伯格根据黄哲伦剧本改编的电影，早已流传甚广。但是，大多数电影观众并没体会到这个"君"字的妙处，真实的"宋丽玲"在2009年逝世之际，有许多新闻标题称"蝴蝶君原型去世"。而事实上，在黄哲伦看来，通过性别上的伪装与倒错，在这个故事中，"蝴蝶夫人"已经不再是东方人，而恰恰是那个傻乎乎的白人才"被蝴蝶"了。在冷战时期，为了抓住自己的爱人，他向中国提供了五百多份情报，这个"情报外泄"的过程篡改、偷换了男性强权的内核，故此本剧的正题乃是《蝴蝶先生》(Monsieur Butterfly)，而作者使用法语的缩写《M. Butterfly》，只是为了使它看上去"更为神秘和含糊"。

在《蝴蝶先生》里，伽里玛对宋丽玲的爱早就超过了简单的婚外情，当宋丽玲突然端出个长着一头金发的孩子给他时，他立刻决定要娶她为妻。剧本中有一个颇有意味的细节：伽里玛1960年代在中国的使命之一是搜集信息，为法国的盟友美国人提供参考意见，他对中国的了解当然免不了以宋丽玲为中介，但无论他怎么努力，最后得出的结论总是错误的。

他那盲目的爱,不仅仅体现为在黑暗的密室里没法看清对方的身体,而且也同样没法把握对方的思想、风俗、习惯。而这一切恰恰是因为他对东方的热爱,对东方人曼妙到离谱的想象。与其说他是被中国戏子的刻意欺骗所害,不如说是受害于自己的"普适之爱"。最后,两人被法国当局传讯,在象征着西方社会最高秩序的法律面前,宋解开了内衣,此时此刻的伽里玛被逼到绝路,但他仍然不愿丢弃对东方的想象与爱情。

更有意味的是黄哲伦对女主角宋丽玲的塑造。在一切公共空间中,她像个百变女王,能够说流利的法语,也会说意大利语和日语,她懂得西方人的一切社交礼仪,举手投足毫不拘束。只有在退守到她的"闺房"后,她才变成完全东方式的,和神秘莫测的古老礼仪联系到了一起。伽里玛不喜欢法国女孩,是因为她们太自由和开放,以至于"和男人没有什么区别"。而宋丽玲在"私域"中是完全害羞和顺从的。在伽里玛眼里,她保护自己身体时的孤注一掷也极为可爱。然而,一旦离开伽里玛的眼光,宋丽玲就立刻成了一个老谋深算的间谍,有着冷静的判断、坚强的意志,其动力当然不可能来自她那可笑的上级领导,也并非来自政治信仰或其他明确的东西。可以说,宋丽玲就是为了颠覆剧作家所批评的"东方主义"而存在,在她身上并没有深度心理描写。在审判

电影《哭泣的游戏》

席上，她提醒伽里玛，她就是"那个女人"，当伽里玛拒绝承认这一点时，她则嗤笑他"像个女人"。电影《蝴蝶君》里的尊龙虽然将女主人公演得风情万种，但在恢复男身装束后，却始终带着冷冷的、残酷而空洞的表情。宋丽玲是一个"东方主义者"所能遭遇的强烈挫折，然而有没有这种可能——她的扁平、固定、冷漠和心机就是蝴蝶夫人温柔的"伪装"的反面？

我们当然可以进一步设想，如果赋予宋丽玲一个有深度的情感和内心世界，这个故事会变成什么样，会是另一个《色，戒》吗？她/他能摆脱东方/西方、男性/女性以及种种意识形态维度上的"伪"吗？就像中国人自古以来的常识："庄周梦为蝴蝶，庄周之幸也；蝴蝶梦为庄周，蝴蝶之不幸也。"

好的声音与中国

不知为什么,"好声音"总让我联想起鲁迅在《野草》里的那篇《好的故事》,"许多美的人和美的事,错综起来像一天云锦,而且万颗奔星似的飞动着,同时又展开去,以至于无穷。"那是一篇抽象的故事,源于一个梦,就像一段旋律一样难以把握,只是展开了美景、生动、真挚与希望。在万马齐喑、诸事可哀的时代,重新定义"好",让人觉得有事可做,什么是好的故事,好的生活,好的声音……

因此,虽然"中国好声音"这档节目仍属舶来品,看上去却真的有些接地气了,在"声音"前冠以"中国"二字,意味格外强一点,鲁迅也说过,"无声的中国"。

又想到另外一档纪录片《舌尖上的中国》,总是被我们在饭桌上提出来讨论,为什么会这么走红呢?想想看,一部近现代历史的书写,充满了排除、否认、驳斥、抗辩:民族危亡苦大仇深,兄弟阋墙意气难平,"中国人"三个字,要不就是博物馆里的古董,贵而恢宏,离平民百姓的寻常日子有些远。难得从吃食上面认识到自身好处,竟看出了十足新鲜感。"好声音"似乎进了一步,从"只取声音"的公平性出发,又与个人的光明灿烂未来(选秀节目的必然逻辑终点)链接在一起,确乎要重新定义、建设我们对歌唱的感受力。在这个读图时代,视觉多么重要,又被污染得多么厉害,有目共睹。未成曲调先有情的好声音,调动某种返璞归真的期待,与当下最让人揪心的,国民的伦理重建问题有某种隐而未现的同步性,所以,即使它不算是中国人的创意,也一定会大受欢迎。

更何况,在现代国家的建立过程中,歌声一直起到启蒙心智的作用。歌声不但包含曲调,也包含一系列的抒发、表述和动员。唱得好,点燃星星之火;唱衰了,四面楚歌军心涣散也难免。声音与话语权的联系,颇让人浮想联翩。看着眼前这一张张年轻人生动的脸庞,听到他们强烈而又语焉不详的梦想表达,难免在他们的声音中再一次寻找相信未来的理由。

随着比赛结果渐渐明晰,有人满意,有人不满意,越来越多的人在提问,好声音的标准是什么?仅仅是歌唱水准吗,肯定不是。评委们的描述有时专业,有时却也抽象,"你打动我了","是我想要的那种"……"中国好声音"背后的产业流水线能发挥多大的作用,现在还很难判断,但它形式上做出了一个引领获胜者走上明星之路的保证。事实上,其中的很多选手已经在从事与音乐有关的各种工作,但他们都还想成为音乐偶像。二十一世纪的今天,音乐偶像随处可以下载,他们更恨不得通过各种真实与虚拟的交流平台,随时钻到我们的脑子里来,可以说没有一个偶像需要替身。所以,太像张学友不行,太像毛宁也不行,复制品辉煌的卡拉OK时代已经过去了,用评委之一庾澄庆的话说,"辨识度"现在显得格外重要。在这个"个性至上"、人人搞怪的时代,最重要的是让人记得我,所以,看到更多的歌手在用"个性"压抑自己嗓音,竭力变出五花八门的重口味声线来。

于是,也有些声音听起来非常好,纯净、自然,发自健全人格,按照上个世纪的标准,一定可以在歌唱比赛上获奖。他们忠于原作,不多变调,他们贯注深情,不懂自戕,然而明显的是,他们的声音听起来已经过时了。尽管四个评委调笑自若,这还是一场严肃的比赛,很严格地挑选着符合时代特征的选手,即使刘欢和那英是离开不远的旧时代过来人,八十年代建立起来的某种特殊的"正统"已渐渐烟消云散,云杰、李行亮、佳宁组合这样的声音,不大可能留下。

在今天,不得不承认,当年法兰克福学派所批判的大众文化,与所谓"旧有的朴素因果观"的关系,已不仅仅是截然对立，一定程度上，在传统意义上的精英价值缺位的状态下，大众文化已成为社会话语的先声，中国各地大学校长的毕业致辞满口网络流行语，就是这样的一个症候表现。大众文化与社会主流道德建设，形成了一种微妙的共生关系，就像"感动中国"迟早要被"最美某某"及其粉丝量所代替。在二战后的先锋派看来，搞点颠覆和破坏很酷，那时的价值因果观还是那么的坚挺，时至今日，做好事的原因是出于酷和个性——完全能被人们所理解和接受，这是真正的今昔之变。所以，"中国好声音"即使真的不计较选手长什么样子，也需要其声音有可被包装的潜力，这还不仅仅是符合商业逻辑，而是树立时代精神状况中的典型人物。

与此同时，也有人注意到"中国好声音"的舞台上有太多的英文歌，当"村子里的人都还在唱阎维文"时，年轻的好声音选手，已经将自己的乡土乡音与爵士乐奇妙地结合起来了，这让他的声音听起来如此独特甚至难以评价，而另外一位考试失败的女孩，大约只有把自己想象成是阿黛尔以后才能开口唱歌，出现了福州阿黛尔演绎台湾莫文蔚歌曲的奇观。值得注意的是，在"好声音"的舞台上选择唱外文歌曲（或者将中文歌改编成欧美摇滚、爵士腔）的选手，很多都来自农村、底层或者少数民族，他们对外文歌手的揣摩更加细致入微，而正是这些并没有多少生活阅历的年轻人，在沧桑的西洋式发音中,用幻梦自我浇铸,口口声声要寻找自我以及自己最本质的声音。说起来这并没有什么错,只是这些激进的声音听起来更给我一种错置的时空感,让我们对"好的声音"的辨析,因为有这些超前的模拟——严格地说,是比模拟更强大的仿真式的存在感——而变得更加复杂。

纸上的"流明"

潘曦的绢上作品已成一格，在LUMEN（流明）系列之前，她用浓烈的油彩在中国丝上画出形态姣好的女性形象，充分展现了处理"轻""重"关系的天才。她完全可以像一位顶尖的类型小说家那样，边自我循环，边讲出让人眼花缭乱的故事。然而，眼前的这组作品并非如此，她对自我和世界的现状都有了一些新的想法。对艺术家来说，这首先意味着放弃。以前是流畅的身姿，现在变作扭曲；以前是完满的意象，现在变作残落；以前是风雅的情致，现在变作疏离。

我曾经目不转睛地观看潘曦用精准的色彩勾勒出的织物花纹，赞叹她对细节的把握能力，令人犹如身处于法国作家笔下的妇女乐园（百货商店），那是非常容易令人沉溺的真实、具体和美。在LUMEN系列作品中，织物图案仍然重要，那些蕾丝又纷纷转世，但这次不再是杏花春雨江南般的风物表达，织物的纹样和女人的形体一样，也变得抽象了。仿佛女人身上穿的衣服，被遗弃、扯碎、散落，像野草一样疯长起来，是肌肤和身体的延伸，但又构成了对身体的另一种包围。它们不再仅仅是装饰主义的,更变成了人格、个性和情绪的投射,仿佛是尘世之中弥散的纷繁芜杂的事件与想象,从个体发出的微光,透过环境的折射而破碎无端,又四处点亮。从蕾丝花纹衍变而生的纹饰,在画面上任意地扩散,不再用来加强女性的性别特征,而是强调了女性生存的处境之感。

与之构成对照的,是画面上栩栩如生、十分鲜明地存在着的动物,有蚊、蝇、蟹、蝶,也有蟾蜍、章鱼、壁虎等等。这些青黑色调的冷血动物绝不是点缀,而是主角之一,与织纹、女人构成三足鼎立之势。也可以说,它们是织纹的有生命的对应物,与粉色的女体构成紧张关系。它们是进化链上的剩余物,是文明世界潜意识中的盲目和荒凉,这些昆虫和软体动物不可能服从于女权主义的政治正确,蟾蜍有时以王子的面目出现,在它们面前启蒙理性就像是一个童话。世界一旦蜕去了理性思维的纹饰功能,便会呈现生存的原始状态。它们咬啮、变形、蹑手蹑脚、伸出长舌捕食。它们遍地繁殖无休无止。它们是噩梦中难以摆脱的纠缠者。或许这些生物就是远古以来人性中难以教化的部分,来自帝国和星球的阴暗、潮湿、蛮荒之处,不幸的是,女人正是要用身体的存在去和它们对峙。

在这样的对峙画面之中,我看到了静止的时间。唯一庞大之物恐龙也已风化成头骨,古老的骨殖像墨汁一样淋漓流

潘曦作品"流明"之一

淌下来，像是某种牢狱，将女人的身体置于觊觎和穿刺之下。在骨头的禁闭之中，好像历史从来没有进步过，肢体的残缺不全仿佛也是这种宰制的后果。但是，画作的整体气氛却并不压抑，女体形象虽则不再那么清新精致，却表现出生气贯注的悲怆之美。在我看来，画上这些单独的、片段式肢体的描绘，是充满灵性的表达，把女人的整体感创造在了画面之外。这种新的女性构图，是否创造了一种对女人所接受的，亘古不变的凝视的抵抗和逃逸？

潘曦的画作因此而带上了从未有过的激烈、犀利和力量感。女人在噩梦中有着无声的抗辩，实际上历史中的女人向来是无声的，但却并非无形，对女人形体的表达有着各种各样的动机。画家这一次把女性的身体表现得如此饱和，无论是色调之明确，还是线条的扩张。那样的挣出重围的手势，那样埋入星云的头颅与硕大身躯的对比，那样的承受和对峙。对手令人气闷，哪怕再温暖如春的身体，再博大的"地母"的精神，也不能够感化对方的冷血、偷袭爱好，以及骨子里的拒绝进化。但是潘曦却将女体的色调非常执着地定格在美丽的胭脂色之上，仿佛这种色调也是一种宿命。她笔下的女体并不顺从，也不是单纯的受害者。我相信这是一个大故事的开端，而首要的在于充分感知他人与自我，这种观察者的冷静和由此带来的优雅，在潘曦的画笔下令人惊讶地展示了出来。

我们的木兰

别动我们的木兰
——戏笔之一

豫剧表演艺术家常香玉,被人称为"永远的花木兰"。老人家一生的艺德风骨,的确可以和她塑造的花木兰形象互相映衬。看豫剧《花木兰》,我最欣赏其中一段,木兰得胜回乡前夕在军帐中几番憧憬,想象父母姊弟的种种热切迎接,想象自己"开我东阁门,坐我西阁床"的好光阴。且唱且舞,虚描轻点之间便将"归乡"情景一笔带过,真把《木兰诗》引用活了,也为后面贺帅提亲的情节留下了充分的空间。豫剧在中原民间流传历史悠久,唱腔粗犷开阔,加上伴奏中高音三弦等乐器的交织与轰鸣,别有一种磅礴凛冽的乡土之气,木兰就是直接从这样的乡土之气中走出来的。

而木兰的故事也恰好把中国传统伦理中首当纲要的"忠"与"孝",完美地结合在了一起。《花木兰》经过剧作家陈宪章的改编,成为1951年常香玉为抗美援朝捐献"香玉剧社号"战斗机进行义演时的主要剧目。中华女儿保家卫国,孝义双全的奇志不言而喻,也顺理成章。虽说《花木兰》里最脍炙人口的唱段要数"谁说女子不如男",木兰也是因为女扮男装才在民间传奇故事里独树一帜,但其传奇性却植根于民间文化的深厚土壤。在德行礼仪的规范下,木兰成就了一段与男子比肩求道的佳话。忠诚、孝顺、勇气和智慧等美德既是这传奇的原始出处,也是最终指归。木兰"易装"原本就是大胆抛弃自己的性别身份,成全爹娘,成全国家,成全一切附着在这骏马鞍鞯、辔头长鞭上的价值与精神。而假如抹去这层讲故事的内在界限与法则,无论木兰如何坚强无畏,她的故事终会如同一切古代传奇一般脆弱不堪,立即被整合到强势的文化逻辑中去。

观看迪士尼出品的动画巨片《花木兰》,不由感叹现时代藩王小丑的厉害,把我们的木兰几乎改写成了一个黛米·摩尔式的"魔鬼女大兵"。在他们的故事里,木兰所苦恼的是"找不到自我"。领兵打仗的真正意义超越了报效国家和体恤慈父,而落在了缓缓响起的主题歌"Reflection"上,好一曲典型的现代女性的心声。这个一心反思被三从四德规训了自我的木兰,难道还是与梁红玉、穆桂英心气相通的婉娴将军,或者她们也会被一个接一个地改造过去?然而,眼看着木兰加入了个人英雄的队伍里,接受了小半辈子好莱坞教育的我们也无从感受特别的难堪。也许可以指责他们误人子弟,却阻挡不了他们活跃和引领我们的文艺市场与市场文艺。

豫剧《花木兰》,常香玉饰演的花木兰

有消息说电影《卧虎藏龙》的原班人马要拍摄《花木兰》了,而台湾不仅早就有了《木兰从军》那样的通俗电视连续剧,还制作出了续集《木兰从夫》,似乎在尚未回答"娜拉走后怎样"时,他们已经颇能回答"木兰回家后怎样"了。

坚决不迷童祥苓
——戏笔之二

一家三口看《智取威虎山》,那碟竟没有字幕,录音效果又不大完美,使我常常脱词听不清。我妈在一旁说这个还用字幕吗,让我来。于是她一句接一句地给我复述,最后干脆赶背到杨子荣的唱前头去了。童祥苓演的杨子荣剑眉虎目、声情夺人,穿军装英气勃勃,着匪装雄姿更盛,好一个"三突出"的经典人物!在他旁边,少剑波也只有偷学诸葛亮才能守住几分参谋长的面子。我忍不住问我妈,年轻时有没有迷过这么一个孤胆英雄呢?童祥苓那时可是上海滩上风华正茂的名角儿。我妈道,哪里就迷他了?眼睛里只有杨子荣哪有童祥苓?再说哪里又迷杨子荣了?瞎掰!

样板戏中的人物有一个神奇的定律,就是越优秀越突出,就越是离观众的私人情感领域远,所有的突出部分均诉诸公心。英雄们时时挂在全国人民的心尖上,但不曾引发任何私属的情感想象和冲动。一个原因是,"正面人物"在规定情境内得到最大程度的集中锤炼,同时和构成这个情境的种种意识形态要素紧密相连：演员入角色、角色入环境、环境入政策，因循相递、水乳交融。由此很难单提出一个童祥苓来迷恋，也没法把杨子荣的照片偷偷夹在钱包里。样板戏塑造的就是只在公众的情感系统中得到认同的人物形象，这些戏文在群众的集体意识中生发出了多激越的感情，个人心底的某些积淀层就多大程度地被削弱了，或者说，被曲折地整合进了前者。更为重要的是，在全国八亿人口八个戏的年月里，样板戏更是一个塑造公众情感共同体的手段。人物只有站在这个一钉一榫都高纯度研磨出的公共舞台上，才熠熠生辉；观众只有将这个铁打的公共舞台装在心里，才会由衷地欣赏、膜拜和纪念他们。这些好像是人人胸中有，又人人心底无的正面人物，虽然都是由最好的演员来饰演，但是用两三名角来激活一出戏的思路来形容样板戏，却绝对是外行。

而与此相反的另外一套机制，是每个观众都把文艺作品中的人物据为己有，每个人都可以在心里和大小人物私通款曲，任意修改和重铸原有的一套阐释模式里的角色意蕴。而这必定发生在那一套强大的公众情感系统崩溃以后。我们都向作品认领只属于自己私人的意义，所以演员和所塑造的角色及特定情境可以很容易地被分开，而观众更看重演员，看重明星。明星一茬一茬地出来，人们不断地在他们的身上投射种种无法示众的情感、想象和欲望。芦荡火种在今天被改写成了阿庆嫂的风流韵事,许多人表示"可以理解",因为现如今《沙家浜》重演起来最有看头的肯定是反派了,北京京剧院的领导同志如是说。

谁怕夜奔
——戏笔之三

《宝剑记·夜奔》在昆曲里属于"一场干"的剧目,半个多小时的演出只有演员一个人在台上唱念做打,中间无下场休息机会,也没有其他角色和龙套来调节观赏者的注意力,稍有纰漏就逃不过群众雪亮的眼睛。这样的独角之戏虽不适合用来压轴,却能作为绝活儿看家传世安天下,当年侯永奎先生就凭这身儿功夫赢得了"活林冲"的美誉。看过侯氏父子《夜奔》的人,都会惊叹于其舞蹈和声腔结合之精妙,那种繁复缜密丝丝入扣的表演,让手持板斧改革旧戏的人也舍不得动它。

不过,《夜奔》抓中国人心绪的地方绝不仅仅止于它能考验演员的基本功,《水浒》里的好故事不少,像"坐楼杀惜"这样极有戏剧性的故事或许更喜闻乐见,但大家看个热闹叫个好也就散了。始终在人眉头心上挥之不去的,当属《夜奔》《惊梦》这一类戏。英雄气短,美人迟暮,人世几回伤往事,永远是古中国咏叹调里的绝世清音。当今思项羽,最动听莫过于《霸王别姬》里的垓下歌,诸葛亮一路唱到空城计方显出其个人的苍凉兴味。这点心气似乎中国人都具备了，但新世纪昆曲被列入联合国世界文化遗产，无论怎样求改革，求发展，最怕的似乎还是过不了"夜奔体验"这一关。

不信可以参看一下台湾徐立功导演的电影《夜奔》，这部片子被人尖刻地称为电影《霸王别姬》的弱智版。昆曲《夜奔》里林冲慷慨悲凉的英雄气，被生硬地嫁接在一个陷入同性感情矛盾的武生身上，而他的名字竟也硬生生地就叫做"林冲"。电影里的主人公在表示被昆曲《夜奔》吸引了的时候，很用力地说出一句台词"也只有林冲……"这几乎让我笑了出来。当林冲被充满现代文艺腔的对白重重包围的时候，怎么也看不出他一招一式的精气神在哪里。电影中有从纽约到天津的数十年时空流转，烘托出的是一个只可能在现代讲述的苍白脆弱、神经质的故事。古代故事的资源和想象力，到这里几乎枯竭。当然，要这个欲求叫好又叫座的故事与昆曲《夜奔》情节完全平行是苛刻的，更重要的问题恐怕是存在于一切改编作品中的——无论那形式是电影，是小说，还是舞台剧，抑或就只是昆剧改革本身——那种对于历史和人生一些基本理解和体验的失落。于是剩下的不是缩手缩脚的照葫芦画瓢，就是凭空的离谱发挥，就像2000年的导演只按照字面来理解"夜奔"，让两个现代青年在大雪的夜里奔跑一番，就算是尽职地解题了。

从正面打进去
——戏笔之四

小时候听评书,最带劲之一就是听到这样的场景:一大窝坏分子狂欢,胡吃海喝,极尽嚣张丑态。混在他们中间的侠客在嬉笑怒骂、搭够了顺风船后,唰啦一下亮出真面目。这时候梁上顶间、厅堂厨房尽数杀出乔装改扮的英雄人物。坏人尚未开弓已成弩末,一切机关埋伏也早已被破解,只有束手就擒。于是好汉们凯歌高奏,聚义分赃,畅快淋漓之极。

沪剧《芦荡火种》的结尾,也是这么"闹猛"的一大篇。胡传魁与日军翻译官的妹妹结婚,新四军游击队员冒充戏班子混进喜堂,县委书记陈天民亲自扮武生挑头牌,演说了一番抗日游击队的神勇。此前吹拉弹唱,迎来送往,连戴着墨镜的新娘子都出场了,最后日本鬼子被激得暴跳起来,游击队员方才显形,毫不费力地歼灭了敌人。《芦荡火种》演出后广受欢迎,六十年代在上海连演9个月370场,观众达56万人次,并被不同的剧种多次改编。1964年毛泽东在北京看了由此戏改编的京剧后,却对结尾很不满意,认为这样闹剧式的处理不能突出武装斗争的作用,武装的革命才能消灭武装的反革命,"要从正面打进去!"汪曾祺等作家根据批示重新改写《芦荡火种》,并易名为《沙家浜》,一出"抗日斗争传奇剧"最终上升为八个样板戏之一。

从传奇到样板,首先被删改的是原剧的高潮部分,虽说《沙家浜》最后飞兵奇袭、正面攻入的武打场面也设计得挺完美,但那赶的已经是另一种潮流了。没有后面的"献堂会"一折,对阿庆嫂的智慧总感觉还意犹未尽,陈天民初扮江湖郎中巧传组织密令,后扮唱戏人智破喜宴,也可以说保持了其人物风格上的一致。沪剧《芦荡火种》之所以好看,是由于在主流意识形态和传奇色彩中间取得了一种平衡。而作为样板戏,沙家浜里的故事终究不能太闹,也不能太奇,闹和奇虽然是民间戏曲的两大重要道具,里面却可以混杂种种意识上的枝蔓。一出戏,笑笑哭哭、打打闹闹、拉拉扯扯地分散了多少注意力,恐怕会化解了对敌我矛盾的正确认识。所以,"从正面打进去",除了突出武装斗争的重要性以外,还在观众的脑子里安上了一面筛子,筛去不必要的情感心理,大德不逾闲,小德也不准出入。在突出再突出高峰的同时,也补牢再补牢漏洞。这里胡传魁没有拜堂的份,那边威虎山上的土匪也吃不成百鸡宴,要一个一双地从饭局里跑出来专门挨打,这才放心。可是且慢,胡传魁在京剧《沙家浜》的初稿里赞美阿庆嫂的行为"称得起、敲得应、叫得响"并自诩"青红帮闯江湖咱意重情长",这怎么能不改成后来的简略一句"俺胡某讲义气终当报偿"?要不然,观众倘觉得这草包还有几分可爱,难免想再看一眼他入洞房了。

苏三别解
——戏笔之五

京剧流派纷呈，各派都有代表作，但有些老戏是各派争唱的，其中最脍炙人口的，生行莫过《空城计》，旦行莫过《玉堂春》。自王瑶卿先生以下，哪一派的苏三最动人，向来是仁者见仁智者见智，戏迷为此可以吵得一塌糊涂。她姿容俏丽，正合梅派花魁，她饱尝人间疾苦，程派最宜道其恨事，尚派得其刚烈，张派得其情深，而她又终不过是一个十六七岁的少女，娇憨之态未及褪尽，荀派演来尤其生动喜人。在一字一腔地仔细观瞧、仔细选挑之中，这小女子的形象已经深入人心。只要知道中国有戏，就会知道有苏三，虽不一定理会西皮流水，却必然听得一句"苏三离了洪洞县——"

不过，从清代开始，除京剧外十余种地方戏曲都在讲述玉堂春之事，这样的风靡似乎不光靠着苏三的可爱。看来看去，总觉这戏随着情节的演进，能沿路呼唤出心里无限故事。冤案昭雪自不必说，从包拯、况钟到狄仁杰，老百姓记住的清官大多兼做福尔摩斯。妓女与书生的情事悲喜剧，撕扇的李香君，泼酒的霍小玉……这里似乎还可以拈出一个象征性的人物结构来：代表社会底层的风尘女子（被侮辱与损害的），官差衙役（具有喜剧色彩的小人物）；代表中间阶层的读书人（由底层中读书而入仕），商人财主（有财无德，注定倒霉），商人之妇（工妒心狠，常非善种）；代表高层的朝廷命官分两种，一种是地方政府，如洪洞县令那种欺下瞒上、贪赃枉法的，一种是朝廷高级官员，善于处理越级上访事件，专门拨乱反正。在这个结构里本来多数人物都意义恒定，不能确定的唯有读书人，就看他得到较高位置以后世界观是否改变——这里便有戏了——或者彻底忘本，令人不齿，如《铡美案》里的陈世美、《义责王魁》里的王魁；或者有情有义，救苦救难，《玉堂春》里的王金龙便还不错，最终帮了苏三，也认了苏三。而就是这么一个简明扼要的黑白区分，衍生出多少悲欢离合的戏文，令世代人们情怀寄托，一洒同情之泪。冤有头，债有主，且看来早与来迟，在一个稳定的民间世界中，一点单纯而可靠的意思可以撑无数好戏，令人心安理得，百看不厌。

而现今不用说这样的故事早已失却了市场，或从来就没占领过市场。今人即使听戏也大多听的是声腔韵调，再也不可能为苏三们的故事勾动内心，在旧有的意义世界被明明暗暗地打破后，民间戏曲原本的叙事结构也被视为一成不变的陈腐与啰嗦。忽然想到,假如把苏三的故事改编成电视连续剧会怎么样呢?保守地说,苏三和王金龙两人中必有一个身怀绝技,彼此都另外还有一个暗恋者,苏三发现自己是三堂会审中一堂的私生女,衙役崇公道则可以担当无厘头搞笑的重任。连主题歌也是现成的,台湾歌手周治平之《苏三起解》有惊人的见解:

  Susan(苏三)——
  你怎么能明白
  这世上纷纷扰扰颠倒的黑白!

闲人观伶伶观人
——戏笔之六

林语堂《京华烟云》里有一回写到姚府众人游园，姚老爷给一班儿孙出对子，上联是"曲水抱山山抱水"，才女红玉的一联"闲人观伶伶观人"压倒群儒。自然景物的吟咏收在人世感悟上，是对联的正道，而眼前便有一个大大的戏台，更给这句话增添了无穷语境：台下看戏的人，也时时"被看"。你在桥上，别人在楼上。有这样的哲理氛围，民间曲艺正该永远闹哄哄地开展下去，锣鼓喧天里演员和观众打成一片，哪里要什么"陌生化"？有多少现世，就有多少在场。

所以用"舞台"来称呼中国人看戏的场所总觉得不那么贴切，"戏园子"三字就亲切备至了。若用一个新词，此处强调的应该是"互动性"，但旧时戏园里的那种纷乱热络的景象，却比这个词要丰满得多。吃茶灌水的，卖报卖戏单的，找人认亲聊大天的，还有满场子乱飞的手巾把儿，虽说因此开场戏往往没人看，却是未成曲调先有人情。演员都像华容道上的曹孟德一样，认得这观众摆开的一字长蛇阵，心里便有着无穷希望。到真有了好戏的时候，戏迷们是不含糊的。三十年代周信芳沪上重编《封神榜》，与小杨月楼合作，连台十六本戏在老天蟾献演，一次刮台风发大水，观众必须过跳板才能进场，看的时候也得把脚搁在前排椅背上，但照旧客满。中国戏不是现代足球比赛，结局人们早已烂熟，可台下的观赏和台上的表演还是互为悬念，看那戏里已慢慢留下了许多专等与观众呼应的细节了。

如今到天蟾京剧中心逸夫舞台去走一遭，场内装修得豪华舒适，工作人员举着"禁止使用闪光灯"的牌子踱来踱去，观众安静有序，一切井井有条。无论是郎情妾意，还是慷慨悲歌，都能赢得礼貌的掌声。而现在台上演的是昆曲《水浒记·借茶》，演员一颦一笑可谓生动撩人，张文远不时将噱头投向观众席，但得不到多大反应，只好自己再把它捡回来。台下的人们一个个朝圣者似的不解风情，对这许多插科打诨、浑水摸鱼的彩头顶多发出几声尴尬的笑声，然后是继续鼓掌。离逸夫舞台不远就是上海大剧院，早年国外知名的交响乐团在那里演出时，有人撰文指出中国观众不会鼓掌，该鼓的时候没好好鼓，不该鼓的时候噪声影响了指挥。这戏园子里正襟危坐、训练有素的观众仿佛都是从上海大剧院，或哪国的皇家大剧院里迁移过来的。又或者这种议论也是多余的，已经习惯了观看荧屏的眼睛，无法热爱台上扑面而来赤裸裸的呼吸和声音。电视荧屏每天都向我们展示着更全方位的他人的故事，供人一视同仁、不动声色地窥看始终。电视机尤其不会回过头来注视我们，除非从里面爬出《午夜凶铃》里的女鬼来，但那只是恐怖片而已，在这安全便利的世界中，做戏园子里的闲人都太费劲，我们不需要游园惊梦。

后记：种翅膀的人

这本小书的最后一句话是"我们不需要游园惊梦"。实际上，这座园子一逛就是十来年，其间做了大大小小的梦，留下不成气候的断片尺牍，虽然屡次想与之添砖加瓦，实在是天性疏懒，若无人相约，自己宁可束手逛园，看看独好风景，而不愿动笔砌文，以至于很多奇思妙想皆随落花流水去也。

不过仍很高兴能出版这样一本"小文艺"评论集，正如伍尔芙所言，能得到普通读者的肯定对批评家而言自有重要之处。这里所收录的短小书评、影评、剧评，虽然体量不大，和学术批评的洋洋长文却是来自同一个思想装置，在那万吨马力的头脑齿轮运转处飞出的火花细屑，亮度也并不减弱。

至今我仍是这样一种固执的类型，不会直抒胸臆，只愿借他人之酒杯，用别人的故事，讲自己的心事。这是天生要干文艺批评的吗？我不知道，只知道这世界故事太多，听众太少，不给故事插上翅膀，它飞不到听众的怀抱里去，而播种翅膀的人，也是为了让自己有机会遨游天际。

今夕何夕,当年刊载这些小文章的纸媒专栏已纷纷华丽转身,要感谢给我提供写作机会的编辑朋友,这一点小小的成绩,是属于他们的:孙甘露先生、顾明先生、郑逸文女士、朱自奋女士、康华女士……最后要特别向文汇出版社的朱耀华先生致谢,若非他为之付出的心意,这些文字说不定就尘封于无涯了。

2019年6月8日,华绮公寓

图书在版编目（CIP）数据

《我们的木兰》/ 张屏瑾著.——上海：文汇出版社，2019.8
ISBN 978-7-5496-2937-4

Ⅰ.①我… Ⅱ.①张… Ⅲ.①随笔-作品集-中国-当代
Ⅳ.① I267.1

中国版本图书馆 CIP 数据核字 (2019) 第 155412 号

我们的木兰

著　　者　张屏瑾
策　　划　朱耀华
责任编辑　徐曙蕾
特约编辑　甫跃辉
装帧设计　张志全

出版发行　文匯出版社
　　　　　上海市威海路755号
　　　　　（邮政编码200041）

照　　排　南京理工出版信息技术有限公司
印刷装订　上海颛辉印刷厂
版　　次　2019年8月第1版
印　　次　2019年8月第1次印刷
开　　本　787×1092　1/32
字　　数　95千
印　　张　6.625
印　　数　1-2500

ISBN 978-7-5496-2937-4
定　　价　　30.00元